보훈학 개론

: 보훈학으로의 초대

보훈공단
보훈교육연구원
보훈문화총서
09

보훈학개론

: 보훈학으로의 초대

보훈교육연구원 기획

이찬수 김명수 황미경 윤승비 정태영 서운석 김병조 지음

[서문]

보훈, 우리 모두의 것이기 위하여

보훈은 대한민국의 독립, 호국, 민주를 위한 희생과 공헌에 대한 국가적 차원의 보답이자 그 정신을 선양하는 행위이다.(「국가보훈기본법」 제1조, 제3조) 보답과 선양으로 국민통합과 국가 발전에 기여한다는 것이 보훈의 기본 이념이자 근본 목적이다.(제2조) 국가를 위한 '희생'과 '공헌'에 대한 '보답', 정신의 '선양', 그로 인한 '국민통합'이 보훈을 이해하는 열쇳말인 셈이다.

이때 국민통합은 모든 국민이 동일한 의견을 지니고 획일적으로 행동한다는 뜻이 아니다. 한국 보훈의 역사에서 희생과 공헌에 대한 기억과 그것이 파생시키는 의미들의 층위는 다양하고 스펙트럼도 넓다. 국민 모두가 보훈에 대한 단일한 생각을 가지고 있지도 않다. 이런 상황에서 특정 태도나 이념을 일방적으로 주입하려다가 자칫 다른 생각과 갈등하며 충돌하게 될 수도 있다. 보훈이 자칫하면 사회 갈등의 계기가 될 수도 있다는 말이다.

가령 일제강점기 '항일' 독립 운동가들을 국가유공자로 예우하는 행위의 이면에는 '친일' 세력은 청산되어야 한다는 요청이 들어있지만, 친일이 불가피한 현실이라 생각하며 살아온 이들을 중심으로 친일도 한국 역사의 일부가 되었다. 해방 이후에도 이 문제를 제대로 청산하지 못하면서 이는 여전히 사회적 갈등의 한 원인으로 작용하기도 한다.

한국인의 '호국' 이념에는 북한 및 공산주의를 적대하며 전쟁까지 했던 경험이 녹아있어서, 호국주의자들에게 북한을 포용하려는 자세는 위험스러운 이적행위처럼 여겨지곤 한다. 그렇다고 해서 좁은 의미의 호국주의에 머물면 그 역시도 사회 갈등을 야기하고 국민통합을 저해하는 요인이 될 수 있다.

'민주'도 독재라는 대항세력을 전제하지만, 민주든 독재든 모두 한국인이 한국의 역사 안에서 경험해온 일일뿐더러, 나아가 민주에 대한 이해조차 진보냐 보수냐에 따라 다를 때가 많다. 그러다보니 같은 민주의 이름으로 '민주공화주의'와 '자유민주주의'가 부딪히기도 한다. 독립, 호국, 민주에 대한 자기중심적 목적과 정치적 작동방식 등이 복잡하게 얽혀있거나 때로는 충돌하면서 국민통합이라는 보훈의 이념과 목적을 어려운 과제로 만들곤 하는 것이다.

그동안 보훈과 관련한 이러한 심층적 문제의식이 공론의 장으로 충분히 나오지 못했다. 국가가 독립, 호국, 민주의 정신과 가치를 주도적으로 계승하면서도 마치 이들이 별개의 것인 냥 따로따로 교육하고 선양하는 경향이 컸다. 이들을 유기적으로 연계시키기 위한 노력은 상대적으로 적었다. 그러다보니 국민은 국민대로 보훈이 국민통합에 기여한다는 생각을 할 수 있는 기회를 제대로 갖지 못했다. 보훈 정책 및 보훈의 문화화에 책임이 있는 이들이 보훈에 얽힌 심층적 문제의식을 더 분명히 가지면서, 보훈이 국민 속으로 들어가도록 해야 할 뿐만 아니라, 국민이 보훈에 대해 자발적이고 긍정적으로 생각할 수 있도록 더 많은 기회를 만들어내야 하는 것이다.

제일 좋기로는 보훈에 대한 국가와 국민의 생각 간에 공감대를 확대시키는 것이다. 그러려면 국민이 보훈의 진정한 통합적 가치에 대해 생각할 수 있는 기회를 자주 만들어야 한다. 그리고 국가는 국민의 생각을 존중하고 다양한 생각을 조화시키며 적절히 포용해야 한다. 국가는 독립, 호국, 민주라는 가치의 유기적 관계성을 설득력 있게 정책에 담아내고 보훈 연구자들은 따뜻한 철학으로 이를 뒷받침해야 한다. 특정 정권이나 이념을 위해서가 아니라, 공정한 사회의 건설과 건전한 국민통합을 위해서이다.

물론 정부(국가보훈처)에서는 오랫동안 이와 관련한 다양한 정책을 펼쳐왔다. 가령 오랜 군복무로 국가안보에 기여한 제대군인에 대한 지원을 강화하고, 다양한 보훈대상자들이 어디서든 불편 없이 진료 받을 수 있도록 한국보훈복지의료공단 산하 보훈 종합병원들과 연계하는 '위탁병원'을 지역 곳곳에 확대하고 있다. 국가유공자와 보훈보상대상자를 위한 복지와 의료 정책에 인공지능과 빅데이터를 활용하기도 한다.

그러면서 보훈의 방향을 순국선열, 애국지사, 전몰군경, 전상군경 등 전통적인 국가유공자들을 예우하되(「국가유공자예우등에관한법률」 제4조), 민주유공자와 사회공헌자는 물론 '국가사회발전특별공로자'와 같은, 시민의 일상생활에 좀 더 어울리는 유공자들을 적극 발굴하겠다는 의지를 표명하기도 한다. 이 모두 보훈대상자들을 연결고리로 국가와 국민을 연결시키겠다는 문제의식의 발로라고 할 수 있다. 현 정부에서 "든든한 보훈"을 슬로

건으로 내걸고 있는 이유이다.

"따뜻한 보훈"을 모토로 한 적도 있다. 현장과 사람 중심의 보훈을 기반으로 국민과 함께 미래를 여는 정책을 펼치겠다는 것이었다. 모두 적절한 슬로건과 모토이다. 어떤 슬로건이든 국가유공자-국민-국가가 서로 연결되고 순환하는 체계를 만들어나가겠다는 취지에서 서로 통한다. 어떻게 하든 희생과 아픔에 대한 인간의 원천적 공감력에 호소하면서 국민 혹은 시민사회가 보훈을 자신의 과제로 삼을 수 있는 바탕을 다져가는 일이 중요하다.

가장 기본적인 것은 어떤 종류의 것이든 희생이 더 이상 나오지 않는 사회를 만들어가는 일이다. 만일 국가와 사회를 위한 능동적 희생자가 발생하는 경우에는 국가와 국민이 더 보답하고 계속 기억할 수 있는 문화를 조성해가는 일이다. 그러려면 보훈이 흔히 상상할 수 있는 전쟁 중심의 이미지에 머물지 말고, 국민 한 사람 한 사람의 일상적 정서에 와 닿을 평화 지향의 보훈으로 계속 전환해가야 한다. 국경 중심의 근대민족국가의 범주에 갇히지 말고 보훈의 이름으로 인간의 아픔에 공감할 줄 아는 보편적 인류애에 호소하며 그 범주를 넓혀가야 한다. 그렇게 세계가 축복할 수 있을 보훈 정책의 모델을 한반도에서 만들어내야 한다.

　그동안 보훈 관련 각종 정책 보고서는 제법 많았다. 그러나 대부분 일반인의 손에는 닿을 수 없는 전문가의 책상과 행정부서 깊은 곳에 머물렀다. 보훈의 역사, 이념, 의미, 내용 등을 국민적 눈높이에서 정리한 대중적 단행본은 극소수였다.

　이러한 현실을 의식하며 보훈교육연구원에서 일반 국민이 쉽게 접근할 수 있도록 대중적 차원의 「보훈 문화총서」를 기획하고 지속적으로 출판하고 있다. 국가와 국민 사이에 보훈에 대한 공감대를 만들고 넓히기 위한 기초를 다지는 일이라고 할 수 있다. 더 많은 이들이 이 총서를 읽고 보훈이 우리 모두와 연결된, 우리 모두의 것이라는 의식이 더 확대되면 좋겠다. 총서가 보훈을 무덤덤한 '그들'만의 이야기가 아니라 '우리'의 따뜻한 이야기로 이끄는 계기가 되면 좋겠다. 보훈도 결국 인간의 아픔과 아픔에 대한 공감의 문제라는 사실을 인식하면서 인간의 얼굴을 한 따뜻하고 든든한 보훈 문화가 형성되어 가면 좋겠다.

보훈교육연구원장　이 찬 수

보훈의 역사와 철학, 그리고 과제

이찬수_ 보훈교육연구원

1. 보훈의 역사와 이념

1) 보훈, 국가의 오래된 과제

보훈(報勳)은 "공훈[勳]에 보답한다[報]"는 뜻이다. 한자의 의미를 좀 더 살려 정의하면, 공동체나 국가를 위해 '세운 업적[勳]'에 '보답하는 행위[報]'이다. 국어사전에서는 보훈을 이렇게 정의하고 있다: "국가유공자의 애국정신을 기리어 나라에서 유공자나 그 유족에게 공훈에 대한 보답을 하는 일."

일제강점기 이후 오랫동안 '원호(援護)'라는 일본식 한자를 쓰다가, 1984년도부터 '보훈'이라는 새 용어를 사용하기 시작했다. 용어 자체는 오래되지 않았지만, 보훈에 해당하는 행위는 아주 오래 전부터 있어 왔다. 가령 한국의 옛 역사를 담은 고문서 중 하나인 『삼국사기(三國史記)』에는 신라 문무왕(文武王)이 백제를 물리치는 과정에 "공을 세운 자에게 상을 주었다"는 기록이 있다. "전쟁에서 죽은 자를 포상했다", "전쟁에서 죽은 자에게 물건을 주어 위로했다"는 기록도 등장한다. 고구려를 물리친 뒤 "군영에 나아가 공을 세운 사람들은 이미 모두 상을 받았고, 싸우다 죽어 혼령만 남은 이들에게는 명복을 빌 재물을 추증하였다"는 기록도 남아 있다.(『三國史記』卷第六, 新羅本紀 第六) 이 모두 오늘의 보훈에 해당하는 국가적 행위들이라고 할 수 있다. 신라 시대에는 상사서(賞賜署)라는 조직에서 이러한 공훈 관련 업무를 맡아보았다.(고창민, 2019)

이와 비슷하게 고려시대에는 관리의 공과를 심사하던 '고공사(考功司)'라는 기구가 있었다. 군대 지휘관인 병마사(兵馬使)와 군사문제를 논의하던 회의기관인 도병마사(都兵馬使)에서 국가를 위한 전쟁 때 공을 세운 이들을 일차로 확인하면, 고공사에서 이차로 고공(考功, 일종의 근무평가)해 승인한 뒤, 전쟁에서 공을 세운 이들을 예우하는 절차를 밟았다. 이를 통해 전쟁 공헌자의 지위를 보장하고 명예를 드높이며 전사자 가족에게도 혜택을 주는 등 국가를 위한 희생 때문에 어려워진 가계경제를 지원했다.(박우현, 2012)

조선시대는 '충훈부(忠勳府)'에서 국가 운영에 공이 있는 관리의 사후 장례 및 자손의 처우에 이르는 제반 과정을 담당했다. 공을 세운 신하와 그 후손에 관한 기본 정보를 「충훈부등록(忠勳府謄錄)」에 기록하고 3년마다 '업데이트'하면서 이들을 관리하고 예우하는 기본 자료로 삼았다.(김명화, 2020: 81-117; 유준기, 2003)

상사서, 고공사, 충훈부 모두 오늘날 국가보훈처와 비슷한 역할을 수행하며, 이들 기구에서 관리하는 이들을 오늘의 용어로 하면 '국가유공자' 혹은 광의의 '보훈대상자'라고 할 수 있다. 삼국시대부터 오늘에 이르기까지 한반도에 존재했던 국가들은, 정도의 차이는 있지만, 국가 유지와 발전에 기여한 이들에 대해 대체로 비슷한 정책을 펼쳐 왔다.

이런 역사적 사실을 기반으로 다시 정리하면, '보훈'은 국가를 위한 공적인 일에 공로가 있는 사람, 특히 국가를 위한 일을 하다가 희생당한 이와 그 가족에게 적절히 보상함으로써 국가적 통합을 이루는 과정이라고도 할 수 있다. 예나 이제나 한반도에서 두루 확인할 수 있는 국가 정책들이다.

2) 수직적 '원호'에서 수평적 '보훈'으로의 전환

앞에서 말했듯이, 전에는 '원호(援護)'라는 말을 썼었다. 6.25

전쟁으로 상처를 입은 군인을 치료하고 유족을 보호하기 위해 1950년에 '군사원호법'이 제정되었고, 1951년에는 비슷한 이유에서 '경찰원호법'이 제정되었다. 1952년에는 '군사원호처'가 설치되었고, 1961년에 '군사원호보상법'이 제정되었으며, 1962년도에는 '국가유공자 등 특별원호법'이 제정되었고, '군사원호처'가 '원호처'로 승격 변경되었다. 그 뒤 국가유공자라는 용어는 물론 원호, 원호대상자 등의 용어도 일반 국민에게도 익숙해졌다.

〈사진 1〉 1962년 원호처에서 제작한 원호의 달 홍보 포스터

그러다가 '원호'라는 말에는 국가가 국민에게 일방적으로 시혜를 베푸는 행위라는 뜻이 들어 있기에 적절치 않다는 문제의식이 생기면서, 1984년에 '보훈(報勳)'이라는 새 용어를 만들었다. 같은 해 '원호처'도 '국가보훈처'로 변경되었다. '원호'에 정부나 국가에 의한 수직적 구휼이나 일방적 시혜의 의미가 들어 있다면, '보훈'에는 국민들의 도덕적 의무에 기반한 감사의 마음[謝意]이 더 크게 들어 있다는 이유에서였다.(국가보훈처, 2011: 54)

의미상으로는 '보훈'이 그 본연의 취지에 더 부합해 보인다. 가족 중 누군가 다치면 다른 가족이 돌보듯이, 국민이 국가를 위해 일하다가 희생당하면 국가가 돌보는 것은 자연스러운 과정으로 보인다. 마찬가지로 보훈을 누군가의 우월적 지위에 근거한 일방적 시혜로서보다는 국가, 국민으로서 당연히 해야 할 인간적 도리의 측면에서 이해하는 것이 더 시대정신에 부합해 보인다.

이러한 국가와 국민의 역할과 의무를 명확히 하고자 정부에서는 기존의 보훈 관련 역사와 정책을 계승하고 종합하면서, 1984년에는 기존 법을 「국가유공자 예우 등에 관한 법률」로 심화해 제정했다. 2005년에는 「국가보훈기본법」을 제정했다. 보훈 정책의 정당성을 확고히 정립하고 관련 정책을 더 효율적으로 집행하기 위해서였다.

2. 한국 보훈의 이상과 현실

1) 보훈과 국가보훈: 보훈정책은 누가 수행하는가

「국가보훈기본법」(이하 「기본법」)에서는 보훈의 의미를 다음과 같이 설명하고 있다. 보훈은 "국가를 위하여 희생하거나 공헌한 사람의 숭고한 정신을 선양(宣揚)하고 그와 그 유족 또는 가족의 영예로운 삶과 복지 향상을 도모하며 나아가 국민의 나라사랑정신 함양에 이바지"하는 행위이다.(제1조 목적에 따른 정의)

이러한 규정에는 희생, 공헌, 선양, 복지, 나라사랑정신 등의 주요 키워드들이 들어 있다. 국가를 위한 희생 및 공헌 정신의 선양과 그에 대한 보답이 보훈의 골자라는 뜻이다. 이때 중요한 것은 '희생'의 의미는 무엇이며 누가 그 정신을 '선양'하고 희생자의 영예와 복지를 도모해야 하는지 밝히는 일이다. 이것은 보훈에 담긴 '도덕적 의무'와 '감사의 마음'을 누가 어떻게 가지고 느끼는지와 관련된 물음이다. 이렇게 묻고 생각하다 보면, 한국 보훈의 현실과 논쟁적 문제점들은 물론 그 의미도 구체적으로 드러난다.

가령 「기본법」에서는 보훈의 주체를 '국가'로 규정하고 있다.

"국가와 지방자치단체가 보훈 정책을 시행하고 국민은 그에 협조해야 한다"는 것이다.(제5조와 제6조; 제8조와 제9조 참조) 국가보훈처에서도 보훈의 주체는 국가이기에, 굳이 '국가'라는 수식어를 달지 않아도 '보훈'은 으레 '국가보훈'이라는 입장을 취한다.(국가보훈처, 2011: 54) 그리고 이러한 국가보훈의 기본이념은 "국민통합과 국가 발전에 기여"하는 데 있다고 말한다.(「기본법」제2조) 보훈의 목적이 '국민의 나라사랑정신의 함양'이고, 보훈의 이념이 '국민통합과 국가 발전'에 있으며, '보훈정책의 시행자는 국가'라는 것이 핵심이다. 보훈의 국가주의적 성향을 잘 보여준다고 할 수 있다. 이처럼 보훈은 기본적으로 국가주도적이고 국가지향적이다.

이러한 보훈은 다음의 세 축으로 이루어져 있다. 첫째가 보훈 행위의 대상자인 '국가유공자'이고, 둘째가 세금 등으로 보훈 행위를 지원하는 '국민'이며, 셋째가 보훈 행위의 법적 책임을 지는 '국가'(엄밀하게는 정부)이다. 이 세 축의 공통점은 아무래도 '국가'로 수렴된다고 할 수 있다. 국가가 국민의 후원을 받아 국가유공자를 지원함으로써 국민통합과 국가 발전을 이루는 행위가 보훈이라는 것이다. 그만큼 보훈에서는 국가의 역할과 비중이 제일 크다.

2) 보훈의 주체, 국가에서 국민으로

이때 국가의 비중이 크다는 말은 해설이 필요하다. 주지하다
시피 국가는 '영토', '국민', '주권'으로 구성된다. 그리고 "대한민
국의 주권은 국민에게 있고 모든 권력은 국민으로부터 나온다"
(헌법 1조 2항)는 헌법에서 보듯이 국가의 주인은 국민이다. 국가
의 이름으로 벌어지는 일은 국민의 동의와 지원 속에서 이루어
져야 한다. 국민이 국민을 위한 국민의 대행자인 정부의 정책을
신뢰하고 보훈대상자의 희생을 제 가족의 문제처럼 인식할 수
있을 때 보훈이 안정적으로 계속될 수 있다는 뜻이다.

하지만 이론과는 달리 기존의 경험상 전 국민이 정부를 전적
으로 신뢰하기는 어렵다. 국가에 대한 국민의 신뢰는 그때그때
의 정책 한두 개로 형성되지 않는다. 자주 만나는 개인들 사이
에 신뢰 관계를 형성하는 것은 좀 더 가능하지만, 개인이 '사회'
를 신뢰하거나, 국민이 '국가'를 신뢰하는 정도로까지 가기는 쉽
지 않다. 유족을 포함해 84만여 명(2021년 6월말 기준) 되는 국가
유공자(보훈대상자) 모두를 전 국민이 존경하고 신뢰하는 상태라
고 할 수도 없다. 개인과 사회, 국민과 국가는 일대일의 평등 관
계가 아닐뿐더러, 사회 및 국가는 다양한 개인들의 이념과 이해

관계가 복잡하게 얽혀 움직이는 대단히 중층적이고 유기적인 실재이기 때문이다.

라인홀드 니버(Reinhold Niebuhr)가 어느 정도 도덕적인 개인들이 모여 있는 사회가 왜 전쟁을 하고 사람을 살상하는 등 비도덕적으로 흐르는지 비판적으로 분석했듯이(Niebuhr, 2009: 123-159, 130-134), 사회 혹은 국가는 개인의 예상이나 바람대로 진행되지 않는다. 국가가 국민의 애국심을 이용해 국가 공동체보다는 권력의 정당성을 추구해 온 역사도 제법 길다. 일본의 경우, 특히 메이지 시대에 만들어진 '호국영령(護國英靈)'이라는 말에서 그런 사례를 볼 수 있다.

호국영령은 일본의 침략적 제국주의의 건설 과정에 죽음으로 기여한 이들에 대한 일본식 신조어이다. 호국영령은 일본 제국주의 내지 군국주의를 형성하고 강화하는 데 적지 않게 기여했다. 특히 러일전쟁(1904~05) 당시 일본의 언론들이 '호국영령'이라는 말을 퍼뜨리며 전쟁에 참여한 개인의 죽음을 국가 차원으로 승화시키는 데 기여했다. 그 뒤 오늘까지 적어도 국가 단위에서는 호국영령이라는 말을 사용해 오고 있다.

하지만 그것은 더 이상 개인과 국민의 언어가 아니다. 일본에서도 주로 관변 용어로 남아 있다. 오늘날에는 개인의 인권과 생활보다 소중한 것은 없으며, 개인의 생명을 능가하는 보답이라는 것은 있을 수 없다는 인식이 크다. 대다수 국민이 호국영령이라는 말에서 인간에 대한 존중감 이상으로 국익에 기반한 국가주의 혹은 자기정당화를 위한 권력의 의도를 더 느끼곤 한다. 국가에 대한 국민의 신뢰가 형식에 그칠 때도 많다. 메이지 정부 성립기 벌어진 각종 내전 희생자를 비롯해서 이차대전 전범의 혼령들까지 합사되어 있는 야스쿠니신사에의 참배 행위가 모든 일본인에게 환영받는 것은 아니라는 것도 이것을 잘 보여준다.

한국의 현충일(顯忠日)도 비슷한 위험 속에 노출되어 있다. 국가에 대한 충성을 현창한다는 의미의 '현충(顯忠)' 행사도 국민의 자발적이고 진지한 관심의 대상이라기보다는 정부 주도의 관례에 머물면서, 국민 개개인의 진정한 공감을 얻어내기 힘든 시대이기도 하다. '현충' 행사가 국가의 과업이기는 하지만, 만일 국가가 국가유공 행위를 특정 권력의 유지를 위해 이용하려 한다면, 국민은 대번에 그 낌새를 눈치 채고 국가에 대한 신뢰를 점차 접을 것이다. 정치인이 국립현충원을 참배하면서 자신의 정치적 역량을 과시하거나 정당화하려는 수단으로 사용하는 것 같을 때 국민은 그런 것을 강하게 느낀다.

이것은 '현충'이라는 말에 함축되어 있는 문제이기도 하다. 가령 '국립현충원'은 기본적으로 국립묘지이다. 묘지는 죽음을 애도하고 생전의 삶을 기억하며 추모하는 공간이다. 그런데 이런 공간을 국립현충원이라는 이름으로 국가가 조성하고 나면, 점차 특정인의 희생에 대한 '애도'와 '추모' 보다는 주로 국민통합을 위한 이념적 홍보 시설로 작동되는 경향이 있다.(Mosse, 2015) 하지만 개인보다는 국가를 부각시키기 위한, 진정한 애도 없는 관례적 현충 행사는 점차 형식화하며, 국민 개개인의 진지한 공감대로부터 멀어져간다. 정치인이 국립현충원에 참배하는 행위가 순수한 애도와 추모보다는 이해관계에 기반한 정치적 행위로 여겨지면 국민도 그런 행위에 대해 방관자적 태도로 대하게 된다. 현충원에 참배하는 행위가 보훈이라는 말에 담긴 '도덕적 의무', '감사의 마음' 등과는 다른 이해 추구의 방편처럼 여겨지면, '국민통합'이나 '국가 발전'과는 거리가 멀어질 수 있는 것이다.

이처럼 '국가보훈'에 담긴 보훈의 국가주도성에는 간단하지 않은 문제들이 들어 있다. 이것은 국민이라면 보훈에 협조해야 한다는 법적 규정으로 해결될 수 있는 문제가 아니다. 국민이 보훈의 법적 협조자가 아니라 사실상 든든한 주체가 될 수 있는 정서를 지속적으로 형성해 가는 일이 중요하다. 국민이 실질적 보훈 행위의 주체가 되어야 하고, 보훈대상자가 가능한 많은 국민의 신뢰를 받을 수 있을 상황을 만들어 가야 한다. 국민이 보훈대상자 혹은 국가유공자의 유공 행위에서 진정성을 느끼고 이러한 진정성을 확산시키는 국가적 행위에 설득력이 있을 때 보훈이 문화화한다. 그래야 보훈이 '국민통합'에 기여할 수 있게 되고 '국가 발전'으로 이어진다. 좁은 의미의 보훈은 국가유공자를 포함한 전체 보훈대상자들에 대한 보답 행위이지만, 넓은 의미의 보훈은 궁극적으로 이러한 보답을 통해 국민통합과 국가 발전을 이루는 행위인 것이다.

3) 희생·공헌에 대한 공감과 국민통합의 가능성

이때 '국민통합'이라는 말을 오해하면 안 된다. 국민통합은 단순히 모든 국민이 동일한 의견을 지니고 획일적으로 행동한다는 뜻이 아니다. 사전적으로 통합(integration)은 '개인들이 규범, 가치, 신념 등을 서로 공유함으로써 사회집단이나 집합체에 대한 소속감이 강화되는 상태와 과정'이다.(김학재, 2020: 366-378) '어떤 개인, 집단, 사회의 일부가 더 큰 집단, 공동체, 사회의 가치와 규범에 따르는 구성원이 되는 과정'이기도 하다.

이때 소속감이 강화된다거나 가치와 규범에 따르는 구성원이 된다고 하지만, 그렇다고 해서 이것이 하나의 기준에 완전히 동화(assimilation)되는 것을 의미하지 않는다. 국민통합은 국가가 보훈정책에서 국민 한 사람 한 사람의 마음을 움직이는 진정성을 보여줄 때, 그리고 국민이 보훈과 연결되는 상위 혹은 심층의 가치와 규범에 자발적으로 따를 수 있을 때 이루어져 간다. 국민의 자발성도 국가가 제시하는 가치에 진정성이 있고 국민이 존중받는 느낌이 들 때 생겨나기 시작한다.

한국의 역사에서 보훈과 관련된 사건에 대한 기억과 그것이 파생시키는 의미들의 층위는 다양하고 스펙트럼도 넓다. 전 국민을 하나의 기준에 따라 획일적으로 '동화'시키려는 행위는 도리어 충돌의 가능성을 키운다. 통합을 전 국민의 애국주의적 일치나 동화로 이해하려는 순간 보훈의 이념과 이름으로 서로 충돌하는 일까지 벌어질 수 있는 것이다.

충돌의 가능성을 사전에 해소해야 한다. 보훈이 '공헌'에 대한 보상이자 '희생'에 대한 보답이라고 할 때, 어떤 희생과 공헌을 의미하는지, 그 희생과 공헌의 내용들이 서로 모순되거나 충돌하는 지점은 없는지 구체적으로 살펴야 한다. 이것이야말로 오늘날 보훈 연구의 핵심이다. 이 글에서 좀 더 정리하려는 주제이기도 하다.

이와 관련하여 「기본법」에서는 희생과 공헌의 내용을 아래와 같이 규정하고 있다.

> "희생·공헌자"란 다음 각 목의 어느 하나에 해당하는 목적을 위하여 특별히 희생하거나 공헌한 사람으로서 국가보훈관계 법령에서 정하는 적용대상 요건에 해당하는 사람을 말한다: 가. 일제로부터의 조국의 자주독립 / 나. 국가의 수호 또는 안전보장 / 다. 대한민국 자유민주주의의 발전 / 라. 국민의 생명 또는 재산의 보호 등 공무수행.(제3조 정의)

요약하면 대한민국의 독립, 수호(안전), 민주주의의 발전 과정에 당한 희생과 공헌이다. 여기에서 한국적 보훈의 핵심 내용으로 '독립', '호국', '민주'라는 세 가지 가치가 등장하게 되었다. 민주주의 발전과 국민의 생명과 재산을 보호하기 위한 공무수행 과정까지 포함되어 있는 한국의 보훈 규정은 참전자나 제대군인 지원을 주로 하는 해외의 보훈 정책에서는 유례를 찾기 힘든 독특한 요소라고 할 수 있다. 그렇다면 한국적 보훈은 독립, 호국, 민주의 가치를 화학적으로 결합시키고 그에 대한 국민적 공감대를 충분히 확보할 때 그 취지가 가장 잘 구체화될 것이다.

3. 국민통합이라는 난제와 보훈의 이상

1) 왜 독립, 호국, 민주가 충돌할까

하지만 현실에서 이러한 결합은 간단하지 않다. 국가를 위한 희생과 공헌의 문제는 국민과 국가의 관계에 따라, 무엇을 위한 어떤 희생이냐에 따라 달라진다. 가령 한국적 상황에서 '독립'과 '호국'의 경험에는 '일본'과 '북한'이라는 일종의 '적'과의 싸움이 전제되어 있다. 일본으로부터의 독립, 북한의 침략에 맞선 항전 등의 역사를 기억하노라면, 더욱 힘을 키워 그 '적'을 이겨야 한다는 논리로 이어지는 경향이 있다. 이것은 오늘날 지정학적 이웃이자 자유 교류 국가인 일본 및 통일의 대상인 북한과의 관계를 악화시켜 다시 대내적 긴장으로 이어지는 계기가 되곤 한다.

'민주'는 더 복잡하다. 한국에서 '민주'는 단기적으로는 '독재'라는 대항세력을 전제하지만, 큰 틀에서는 분단 상황에서 발생한 정치·경제적인 진보와 보수 간 입장 차이를 조화시키고, 차이로 인한 갈등을 해소해야 하는 장기적인 과제를 지니는 가치이다. 크게 보아서는 독립 및 호국의 가치와도 연결된다. 민주도 독립을 하고 나라를 지켜 가는 과정에 미래를 내다보며 형성된 이념이자 가치이기 때문이다.

이와 관련하여 진보적 '민주'주의자들은 북한과의 대화로 분단을 극복하고 한반도의 통일과 평화를 구현하려 한다. 그에 비해 각종 이념 갈등과 전쟁으로 인한 정신적 외상으로 인해 반공적 '호국'의 가치에 익숙해진 이들은 진보주의자들의 행태를 '적'과의 타협으로 간주하며 대립적 성향을 이어가려 한다. '호국' 지향주의와 '민주' 지향주의가 '국민통합'의 이념과 방법을 저마다 달리 설정하면서 갈등하고 충돌하는 사례인 것이다. 보훈이 실제로 국민통합에 기여하기까지의 과정은 순탄치 않다는 뜻이다.

가령 일제강점기 영향력 있는 독립운동 지도자였던 김원봉(1898~1958)의 사례를 들어 보자. 그는 의열단을 만들어 독립을 위한 선도적인 투쟁을 했고, 대한민국 임시정부가 설립한 광복군의 부사령, 임시정부의 국무위원과 국무부장을 역임하는 등 일제강점기 군사 부문 최고의 지도자였다. 그러면서도 공산주의적 신념 때문에 해방 후 반사회주주의적 미군정에서 밀려나 북으로 가서 초기 북한의 건설에 기여했다.(한상도, 2006) 그로 인해 그는 대표적 독립운동 지도자였지만 국가(독립)유공자는 될 수 없었다.

그에 비해 백선엽(1920~2020)은 일제가 세운 만주국의 군인이자 간도특설대원으로서 중국의 팔로군과의 전투하면서 조선독립군도 살상하는 등 일본 편에서 활약했던 친일 인사이다. 하지만 해방 이후에는 대한민국 제1사단장으로 근무하며 6·25전쟁에서 북한의 침략을 저지하는 데 적지 않은 공을 세웠다. 그 공로를 인정받아 그는 국가(호국)유공자가 되었다.

친북적 독립운동가는 유공자가 못 되고 친일적 반공 참전자는 유공자가 된 이 두 사례는 독립과 호국이 동등한 가치로 작용하지 못하는 현실을 보여준다. 그리고 현재 국가보훈처의 독립유공자 선정 기준으로 '북한 정권 수립에 직접 기여하지 않은 인물'이어야 한다는 내부 규정을 두고 있는 것은 우리 사회에서 반북 호국 이념이 항일 독립 이념보다 더 크게 작용하고 있다는 뜻이라고도 할 수 있다.

이러한 불균형적 난제를 해결하려면 단기적으로는 독립, 호국, 민주를 별개의 가치로 인정하고서 각 분야에 공헌했다고 여겨지는 사람은 전부 서훈하면서, 장기적으로는 세 가치를 두루 조화시키는 보훈의 심층적 정신과 논리를 확립하고 서훈을 위한 일관되면서 폭넓은 기준을 마련해야 한다. 이와 관련된 작업은 국가보훈처의 지속적 과제이자, 보훈 연구자의 몫이 아닐 수 없다.

물론 간단한 문제는 아니다. 특히 한국 사회에서 공산주의를 둘러싼 이념 간 대립은 워낙 강고하다. 북한과의 전쟁 경험 탓에 북한을 '주적'으로 여기는 보수 '호국' 중심 세력과 북한도 포용해 평화로 나아가려는 진보 '민주' 세력 간 갈등이 지속되고 있다. 뿐만 아니라 독립운동의 역사를 공부하다 보면 '반일' 정서로 연결되기 십상이고, 여전한 반일주의자들도 많다. 동시에 친일의 유산을 물려받은 이들도 있고, 시대가 바뀌었으니 일본과 미래지향적으로 지내자는 이들도 있다. 항일과 친일이 모두 한국의 역사가 되어 버린 것이다.

2) 독립-호국-민주의 조화와 개방적 국가론

이처럼 한국 보훈의 가치가 독립, 호국, 민주라는 세 축으로 이루어져 있다는 간단한 언명에는 복잡한 실타래처럼 얽히고설킨 한국의 복잡한 근대사가 들어 있다. 뿐만 아니라 보훈을 통해 국민통합, 달리 말하면 치유와 공정, 평화의 사회를 만들어 가야 하는 과제가 만만치 않음도 알 수 있다.

나아가 한반도의 통일과 동아시아의 평화를 위해 남북의 정상들이 만나고, 미국, 중국, 일본, 러시아 등 한반도의 분단과 전쟁에 관계가 있는 주변 강국들을 엮어 다자주의 외교를 펼치고 있는 오늘의 상황에서 보면, 한국의 보훈정책도 외교의 문제와 연결된 국제적 차원의 성격을 중시하지 않을 수 없다. 보훈도 국제적 감각을 가지고 접근해야 이른바 '국가보훈'에 함축된 문제들을 해결해 갈 수 있는 그런 상황에 처해 있는 것이다.

이럴수록 국가라는 것, 특히 '지켜야 하는[護] 나라[國]'라는 것을 좀 더 넓고 개방적으로 해석해야 한다. 국가를 좁게만 해석하면 자민족 혹은 자국 중심주의에 머물고, 저마다 자기중심심성을 내세우다 보면 전 세계가 갈등과 심지어 전쟁의 소용돌이에 휘말리게 된다. 국가를 영토와 경계 중심의 양적 규모로만 상상하던 옛 '대일본제국'이 그랬던 것처럼, 한반도와 대륙 침략으로 수많은 민중에 고통을 주었던 20세기 초 아시아의 역사도 이러한 국가관에 입각해 있었기 때문에 벌어진 일들이다.

이 문제는 일본이 옛 제국주의적 식민지 정책과 전쟁 책임을 진정으로 반성해야만 풀리는 일인 것이 분명하지만, 한국이든 중국이든 자국 중심주의 혹은 국익 중심의 정책에 머물러 있는 한 완전히 해소할 수는 없는 난제인 것도 분명하다.

보훈은 과연 자국 중심주의에 머무는 제한적 가치여야 하는 것일까. 보훈의 시각을 탈경계적, 전 지구적 감각을 가지고 확장시킬 수는 없는 일일까. 남·북 및 북·미 정상이 만나고, 한국에서 3만4천여 명의 탈북자들과 함께 살고 있으며, 전 세계가 초연결의 시대로 접어들어 개인이나 단체끼리는 중국, 일본, 베트남 등 '적국' 친구를 두고 있는 상황이기에 더욱 현실적인 질문들이다. 보훈이 특정 국가 안에서는 공정사회와 국민통합에 기여해야 할뿐만 아니라, 국제적으로는 '세계 평화와 인류의 공영'(대한민국헌법 전문)에 기여할 수 있도록 방향을 잡아나가야 하는 것이다. 이것이 이른바 '21세기 보훈학'의 핵심이자 과제이다. 이런 과제를 해결하기 위해 다음 장에서 한국 보훈의 탄생 배경이었던 일본, 북한, 중국 등과 같은 나라를 어떻게 보고 대해야 할지 살펴보겠다.

4. 21세기 보훈학

1) 더 큰 민주에 대한 상상

무엇보다 독립을 위한 투쟁의 대상이었던 '대일본제국'과 오늘의 '일본국'의 관계를 좀 더 세밀히 구분할 수 있어야 한다. 아픈 역사를 기억하되, 일제강점기의 투쟁적 독립운동을 그 자체로 전승하는 데만 머물지 않고, 오늘 달라진 환경에서 일본을 대하는 자세를 다시 배워야 한다. 일본으로 하여금 피해국이 납득할 수 있을 정도의 반성을 하도록 이끌되, 사과 행위와 관련한 한일 간 문화의 차이에 대한 이해도 병행하며 소모적 갈등을 줄여야 한다. 과거사에 기반한 '반일'만 고집하면 갈등 비용은 지속되거나 확대되고, 지정학적 이웃 국가로 살아가야 하는 한국의 미래도 그만큼 어둡겠기 때문이다.

6·25전쟁의 결과라 할 수 있을 '호국'의 가치를 한반도의 통일과 평화를 추구하는 오늘에는 어떻게 재해석해야 할지 진지하게 물어야 한다. 전쟁의 역사를 기억하되 상처에 기반한 '반공주의'에만 머물면 갈등 비용이 커질뿐더러, 한반도발 신냉전의 기류가 세계적으로 확대되면서 보훈의 근본 목적인 국내적 공정 사회나 국민통합도 다시 어려워진다. 전쟁의 상대였던 북한이 결국은 평화적 통일의 상대이자 함께 가야 할 '한반도의 일부'라는 인식으로 이어가야 한다. 한국 보훈학의 선구자라 할 수 있을 김종성도 남북 간 동질성을 확보하고 이질성에서 오는 갈등을 최소화하면서 국민통합에 기여할 준비를 해야 한다고 제언한다.(김종성, 2005: 352, 356)[*] 북한을 적대시하면서 국민통합과 국가

---

[*] 이런 맥락에서 보훈교육연구원이 기획하고 여러 학자들이 집필한 『남에서 북을 다시 보다: 탈북박사들이 보는 북한의 보훈』(보훈문화총서 제4권, 모

발전을 기약할 수는 없겠기 때문이다.

이때 현재의 한중, 한베 관계를 참조할 만하다. 한국은 오랫동안 '자유중국'이라 부르며 친밀하게 교류하던 중화민국(대만)과 단교하고, '중공'(중국공산당)이라 부르며 배격하던 중화인민공화국(중국)과 수교했다(1992). 그런 뒤 다방면에서 천문학적 규모로 중국과 교류하고 있다. 한국의 민주주의가 공산당과 대립하기만 해야 할 편협한 이념이나 가치가 아니라는 증거이자, 보훈도 이념보다 경제가 앞서는 현실을 의식하며 진행해야 한다는 사실을 보여준다.

베트남과의 관계도 마찬가지이다. 한국은 베트남전에 참전해 북베트남 공산주의자와 전쟁을 했다. 현재 베트남전 참전 유공자가 20여만 명이나 될 정도로 한국 보훈의 역사에서 베트남전은 중요하다. 그런데 베트남은 공산화되었고, 여전히 공산당 일당 독재국가이다. 그럼에도 불구하고 한국은 지금 경제와 여행 등 다방면에서 공산국가 베트남과 큰 규모로 자유롭게 교류하고 있다. 베트남 입장에서 한국은 세계에서 두 번째로 많이 투

시는사람들, 2020)과 『통일로 가는 보훈』(보훈문화총서 제5권, 모시는사람들, 2020)은 이러한 문제의식에 구체적으로 응답한 획기적인 연구서들이다.

자하는 국가이다. 한국의 보훈도 이런 현실들을 있는 그대로 받아들이면서 '옛 적'과 새로 관계를 맺어 새 친구로 만드는 법까지 객관적으로 배우고 배트남전의 의미도 솔직하게 재설정해야 한다. 베트남전 한국군 희생자를 돌보면서 베트남 민간인에 피해를 준 사실에 대한 반성적 성찰도 공유해야 한다.

호국 이념도 북한에 대해 포용적인 시각을 가질 수 있도록 더 큰 가치로 확대, 발전시켜야 한다. 실제로 분단과 전쟁 이후 70여 년의 세월이 흐르면서 한국의 대북관은 물론 북한의 대남관도 서로에 대한 적대성이 점차 완화되어가고 있는 중이다.(김연철, 2018; 임수진, 2021) 거시적으로 보면 변화하는 세계적 환경 속에서 대화를 통해 서로에 대한 이해의 폭을 확대해 가고 있는 중인 것이다.

이때 '민주'의 가치와 자세는 특히 중요하다. 독립 및 호국의 가치와 연결되고 이를 포용할 수 있는 민주의 논리를 집중 발굴해야 한다. 나아가 식민지 경험, 분단, 전쟁으로 분열된 보수와 진보의 대립적 흐름을 포용할 수 있는 더 넓은 가치로 발전시켜가야 한다. 민주주의는 단순히 사회주의에 대립하는 이념이 아니다. 민주는 일본이나 북한이라는 불편한 세력들과 조화하는 과정으로 그 모습을 드러내는 구성적인 측면이 있다. 보수와 진보의 대립을 끌어안는 '더 큰 진보', '진정한 보수'로 구체화될 때 민주의 가치도 빛난다. 이른바 남남갈등의 근원인 진보와 보수의 대립을 '더 큰 민주'의 이름으로 융화시켜야 하는 것이다.

2) 메타적 보훈과 점선 공동체

구미의 유력한 사상가들인 위르겐 하버마스(Jürgen Habermas)는 의사소통을 통한 합리적 '공론의 장'의 형성을 강조하고 (Habermas, 2006: 제1장; Habermas, 2004: 제4,5장), 폴 슈메이커(Paul Schumaker)는 대화를 통해 진보와 보수, 좌파와 우파 간 접점의 추구를 추구한다. 슈메이커는 다양한 입장들이 심층에서 상통점을 찾아 '다원적 공공철학'을 확립해야 한다고도 말한다. 그에 의하면 다원적 공공철학은 "각자의 이념적 입장을 분명히 인식하면서도 모든 정치 이념들의 저변을 이루는 합의를 모색하는 일종의 메타정치이론"이다.(Schumaker, 2010: 28)

보훈에도 '메타적' 관점을 지닐 필요가 있다. 메타적 보훈이란 독립, 호국, 민주의 정체성을 살리면서도 그 저변에서 상통하는 가치를 합의하고 발굴해 이 세 가치를 포괄적으로 적용하는 심층의 보훈 행위를 의미한다. 이런 메타적 관점이 가능하려면 독립, 호국, 민주라는 기존 개별 가치들의 경계를 '점선(點線)'으로 보면서 상호 소통의 가능성을 열어 두어야 한다. 어떤 집단의 경계를 실선처럼 여기는 자세는 다른 집단을 수용하지 못하고 배타적 충돌로 이어지지만, 경계를 점선으로 이해하는 자세는 다른 이념이나 가치에 대해 대화적이고 개방적으로 움직인다.(점선의 의미에 대해서는 이찬수, 2018: 제3장; 이찬수, 2019: 제2강 참조) 각각 점선으로 된 세 원들(독립, 호국, 민주)의 벤다이어그램 형태라고 할 수 있다. 기존 보훈의 영역과 가치들이 서로가 서로에 대해 개방적 점선 의식을 가져야 하는 것이다. 점선은 자기정체성을 유지하되, 유연하고 개방적으로 상호 성장을 촉진하는 자세에 대한 은유적 표현이다. 유공자의 희생과 공헌이 시대에 어울리는 국민통합과 국가 발전으로 이어지도록 해야 하는 것이다.

이런 개방적 입장을 가지고 독립, 호국, 민주 간 충돌의 가능성을 '더 큰 민주', '열린 국가'에 대한 공통된 상상으로 극복해 가야 한다. 세 원들의 접점을 '더 큰 민주' 차원에서 상상하며 민주에 대한 협소한 입장들 간 대화를 통해 상위 혹은 저변의 접점을 확대해 가야 한다. 그렇게 개방적인 자세로 질적으로 더 심화된 국가[國]가 되도록 지켜 가야[護] 한다. 민주가 호국을 품고, 독립의 역사와 조화할 수 있는 가치로 이어가야 하는 것이다.

3) 삼각뿔 보훈: 21세기 보훈학의 토대

진보와 보수는 적이 아니다. 대화 자체가 불가능한 일부 극단주의적 세력도 있지만, 다소 시간이 걸리더라도 '숙의' (deliberation) 과정을 거치면 합의점을 도출해내지 못할 이유가 없다.(이찬수, 2020: 176-204) 대화하다 보면 진보든 보수든 대한민국은 민주국가이며 민주주의를 지향한다는 원칙을 반대하는 이들은 거의 없으며, 민주의 의미와 강조점이 다를 뿐이라는 사실이 드러난다.

가령 대한민국헌법에 담긴 두 가지 정치적 정체성, 즉 "대한민국은 민주공화국이다"(대한민국헌법 제1조 1항)에 등장하는 민주공화국과, "자유민주적 기본질서를 더욱 확고히 한다"(헌법 전문)에 등장하는 '자유민주주의'는, 어떻게 보든 민주주의의 다른 표현들이다. 그런데 한국 사회에서 진보주의자는 민주공화국을, 보수주의자는 자유민주주의를 부각시키며 갈등하곤 한다. 개념적 다양성에 대한 개방적 의식이 없이 자기중심적 개념에만 매몰되기 때문이다. 자신의 개념과 충돌하지 않으면서 더 상위 혹은 심층에 해당하는 공통의 민주주의에 대한 합의를 해 나가야 하는 것이다.

때로는 민주주의의 형식과 내용을 둘러싸고 '절차적 민주주의'와 '실질적 민주주의'가 충돌하기도 한다.(정동준, 2020: 350-357; Prendergast, 2019) 이때 절차만 중시하면 실질은 사라지고 형식만 남을 수도 있다. 절차라는 것도 어디까지나 상위의 민주적 가치를 구현하기 위한 수단이다. 그런 점에서 민주라는 이름으로 서로 충돌할 때는 민주의 실질적 가치가 무엇인지 합의하며 진행해야 한다. 절차적 민주주의에서도 실질적 민주주주의를 간과하면 안 되고, 실질적 민주주의의 이름으로 절차를 건너뛰어서도 안 되는 것이다.

갈등과 충돌은 두 가지 양상을 병행적으로 조화시키는 방식으로만 해소된다. 진보가 중시하는 '민주공화국'이나 보수가 강조하는 '자유민주주의'에서 '민주'라는 합의점을 찾아내는 것이

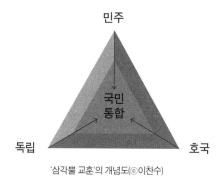

'삼각뿔 교훈'의 개념도(ⓒ이찬수)

일종의 메타적 정치이다. 합의점을 찾는 행위 자체가 민주주의의 가능성과 역량을 보여준다. '자유민주주의'에서의 '자유'도 대화의 산물이고 통제와 조절의 대상이라는 사실도 인식해야 한다. 잘 보면 "자유민주주의도 가치중립적인 것이 아니라, 자유를 보장하는 헌법적 가치에 의해 제한되는 민주주의"이기 때문이다.(이효원, 2018: 137-139)

이렇게 서로의 입장을 긍정하며 대화하면 공통의 '민주' 영역이 부상한다. 일제강점기에 좌파 민족주의자 김원봉과 우파 민족주의자 김구가 민족의 이름으로 함께 독립운동을 했듯이, 가령 사회민주주의와 자유민주주의가 대립으로 점철해야 할 이유도 없다. 북한이 대립의 대상이기만 한 것은 아니라는 사실도 보인다. 북한과의 대화와 협력이 진보와 보수 모두의 몫이라는 사실도 자명해진다. 이것이 민주유공자와 호국유공자 간 대화가 가능하고 또 가능해야 하는 논리적 이유이기도 하다. 이렇게 독립과 호국과 민주가 충돌하지 않고, 서로가 서로를 포용할 수 있는 '더 깊은 독립', '더 큰 호국', '더 넓은 민주'로 승화시켜 나가야 하는 것이다. 그럴 때 국민통합에 기여하게 된다. 이런 의미에서 앞에서의 벤다이어그램은 위에서처럼 '삼각뿔 보훈'의 형태로 형상화할 수도 있게 된다. 독립, 호국, 민주라는 각 꼭지점들이 국민통합이라는 상위의 이상적 지점을 향해가야 한다는 것이다.

오늘의 세계는 대부분 지구화, 탈국가주의, 초연결의 흐름을 타고 있다. 한국이든 여느 국가든 정도의 차이는 있지만, 기본적으로 이러한 흐름 속에 있다. 보훈 정책도 세계와 소통하는 시민적 감수성에 어울릴수록 좋다. 보훈의 국가성이 지구화 시대의 국민성 및 세계와 소통하며 사는 다원적이고 개방적인 시민사회와 어울려야 한다. '메타적', '점선적 보훈'으로 한국적 보훈의 특

〈사진 2〉 대한민국임시정부는 1942년 중국 충칭에서 좌파와 우파가 독립국가의 형성을 위해 연합하는 좌우합작의 통합정부를 구성했다. 앞줄 왼쪽 넷째가 (우파)한국독립당 소속인 홍진 임시의정원 의장, 다섯째가 김구 임시정부 주석, 앞줄 맨 오른쪽이 조선민족혁명당을 이끌던 김원봉이다. 한국보훈에도 독립, 호국, 민주를 살리면서 동시에 포괄하는 심층적 가치의 발굴과 확산이 필요하다.

수성과 지속적 보편성을 모두 담보해 가야 하는 것이다.

 이런 식으로 독립유공의 행위를 단순한 반일을 넘어서도록 재해석하고, 대립의 산물인 호국을 포용을 근간으로 하는 민주와 조화시키며, 보수와 진보의 공존 과정으로서의 민주를 지향하면서, 궁극적으로 국민통합에 실제로 기여할 수 있는 보훈의 미래를 열어 가야 한다. 보훈 연구의 영역은 다양하다. 역사, 철학, 정치, 사회, 복지, 의료, 행정, 경영, 외교, 법률 등 다각도로 연구해야 하는 영역이다. 어떤 영역의 연구를 하든 보훈을 이러한 개방적이고 포용적 관점과 조화시키는 '21세기 보훈학'이 더욱 요청되는 때이다.

보훈법률과 제도, 내용과 의미

김명수_ 홍익대학교 법학연구소

1. 서론

1) 헌법과 국가보훈

헌법적으로 국가는 사회·경제적 약자들에게 자유와 평등을 실효적으로 보장할 의무가 있다. 이는 우선 헌법에 규정된 '사회적 기본권(생존권적 기본권)'을 통하여, 그리고 '사회국가원리'에 근거한 경제 질서인 '사회적 시장경제질서'를 통해서도 확인할 수 있다.(헌재, 2002: 904)* 이러한 사상에 의해 헌법 제32조 제6항에서는

---

* 헌재 2002. 12. 18. 2002헌마52, 판례집 14-2, 904면을 보면 "시장경제의 발달 과정에서 가난은 더 이상 개인의 문제가 아닌 사회의 안정을 위협하는 전체의 문제이고, 자본의 성장에 의하여 자연스럽게 해결될 수 있는 것이 아니라, 가난은 국가의 중요한 의무로 인식되었다. 이러한 성찰로부터 여러 나라는 모든 국민에게 기본적 생활 수요를 충족(Fullfill)시켜 줌으로써 건강하고 문화적인 권리를 보장하는 것이 국가의 중요한 의무라고 하는 '사회국가원

'국가유공자·상이군경 및 전몰군경의 유가족'이 법률에 따라 우선적으로 노동의 기회를 받을 수 있어야 한다고 규정하고 있다.

이 조항의 취지는 국민이 국가를 위하여 희생하면 그 희생적 애국심에 대하여 특별한 보상을 하는 등 그들에 대한 예우 및 지원을 통하여 국민적 통합을 이루겠다는 것으로 해석할 수 있다.(법제처, 2010: 330) 미국이 북한과 협상하면서 늘 한국전쟁 당시 전사한 미군 유해 송환 문제를 제기하고, 유해가 고국으로 돌아오면 성대한 의식을 해 주는 것에서 그 예를 찾아볼 수 있을 것이다. 비록 헌법전에 국가유공자의 보호를 위한 직접적이고 명시적인 규정은 없으나, 헌법재판소 결정례에서는 헌법 제32조 제6항의 규정을 국가유공자 등의 보호를 위한 포괄적 보호의 예시 규정으로 해석하는 것을 찾아볼 수 있다.(헌재, 1995: 1)

국가는 국민의 자유와 안전을 보장하고 많은 국민의 의사가 반영되는 나라, 공정하고 정의로운 국가를 만들어 가기 위해 노력해야 한다. 이를 위하여 헌법은 우선적으로 국민의 기본적인

리'를 규정하게 되었고, 우리나라 헌법도 제34조 제1항과 제2항에서 모든 인간은 인간다운 생활을 할 권리를 갖고 있으며, 국가는 사회보장·사회복지의 증진에 노력할 의무를 진다고 규정하고….”

자유와 권리를 확대하고 사회보장을 위한 국가의 책무를 다하고, 인간으로서의 존엄성이 더욱 존중받을 수 있도록 노력해야 한다.(김일환, 2013: 6) 이에 대한 기본적인 자세는 국가를 위한 헌신을 잊지 않고 국가가 그에 보답하며 '국가유공자·상이군경 및 전몰군경' 등에 대한 예우와 지원을 강화하는 것이다.

2) 국가의 사회적 기본권 실현 의무

대한민국 헌법은 독일 기본법과는 달리 헌법 조문상에 직접 사회국가(Sozialstaat)라는 단어를 사용하지 않고 있다. 그러나 일찍이 헌법전문에서부터 생활의 균등한 향상을 통해 공동체 생활을 할 수 있도록 기본적인 수요를 실현시켜야 한다는 국가의 의무를 명시하고 있다. 특히 기본권 부분에서는 자유권적 기본권의 보장에서 사회권적 기본권 보장의 실현에 중점을 두는 복지국가로 갈 수 있도록 규정하고 있다.(김명수, 2017: 81) 공동체에서 인간다운 생활을 할 수 있는 포괄적인 사회권으로 해석되는 이러한 기본권은 대한민국 헌법 제31조에서 제36조에 걸쳐 규정되어 있다. 사회 공동체 생활을 하고 있는 국민의 측면에서 보면 이 조항은 국가에 대해 기본권의 실질적 실현을 요구할 수 있는 적극적인 권리이고, 국가적 측면에서는 이러한 기본적 권리를 구체적으로 충족시켜야 하는 사회적 책무가 있다는 것이다. 모든 국민의 인간다운 생활을 보장해야 한다고 헌법 제34조 1항에 규정하고 있으며, 동 제2항에서는 사회보장·사회복지의 증진에 관한 국가의 사회적 책무를, 제35조 1항에서는 건강하고 쾌적한 환경에서 생활할 권리와 국가의 노력 의무를 규정하였다. 그리고 노동자의 보호 조항(제32조 1·3·4·5항)도 두어 사회복지 국가로 가야 하는 헌법적 규범성을 명시적으로 규범화하고 있다.

특히 노동 3권의 보장은 노동자의 권리 행사가 형사 처벌의 대상이 되지 않는다는 단순한 소극적인 보장이 아니라, 국가는 이를 적극적으로 보호하고 육성해야 한다는 것을 의미하고 있다(헌재 1990: 1면). 이렇게 우리 헌법이 노동 3권을 보장하고 있는 취지는 원칙적으로 개인의 창의와 기업의 경제상의 자유의 존중과 시장경제원리를 기본으로 하면서, 노사 간 상반된 이해관계로 인하여 자칫 계급적 대립과 적대의 관계로 나아가서는 안 되며, 결국에 있어서 노동자의 이익과 지위의 향상을 도모하는 복지국가 건설이라는 과제를 달성하기 위함이다.(헌재 1993: 299) 이러한 복지국가 달성을 위해 우리 헌법에는 경제조항을 별도로 두어 사회적 시장경제를 바탕으로 사회복지국가를 실현하려 한다. 헌법 제119조 2항에 이를 규정하여 사회적 약자를 보호하기 위한 사회적 시장경제를 채택하고 있다는 것이다.(김철수, 2010: 85) 아울러 사기업을 국유 또는 공유로 이전하거나 그 경영의 통제 또는 관리를 예외적으로 인정하여(제126조) 경제민주화의 근거를 제시하고 있다.

3) 헌법상 보훈대상자의 보호를 위한 국가의 포괄적 보호의무 도출

헌법상 보훈대상자의 보호를 위한 명시적인 규정은 없으나, 헌법 제32조 제6항을 이들의 포괄적 보호의 예시 규정으로 볼 수 있다는 것이 학계의 통상적인 입장이다. 현행 헌법 전문에서 "우리들과 우리들의 자손의 안전과 자유와 행복을 영원히 확보할 것을 다짐한다."고 선언하고 있고, 헌법 제34조 제1항에서 '인간다운 생활을 할 권리'를 규정하고 있으며, 같은 조 제2항에서는 국가의 사회복지 증진의 의무를 선언하고 있다는 데서 그 근거를 찾을 수 있을 것이다. 또한 헌법전문에 담긴 헌법정신에 따르면, 국가는 사회적 특수계급을 인정하지 않는 범위 내에서 보훈대상자 등을 예우하는 포괄적인 의무를 지고 있다고 해석된다는 헌법재판소의 결정(헌재, 1995: 1)에서도 확인할 수 있다.(전광석, 2000: 111)

4) 헌법상 국가보훈제도의 보호 대상

대한민국헌법의 전문과 제32조 제6항은 국가보훈의 대상으로
'국가유공자·상이군경·전몰군경의 유족'을 염두에 두는 규정임
을 있음을 알 수 있다. 다만 경찰이 왜 보훈대상자에 포함되었는
지 그 이유를 단정할 수는 없지만, 한국 전쟁과 국토 분단이라는
불안정한 상황에서 경찰이 원래의 직무인 치안유지 외에 본래
군(軍)이 담당해야 할 국가안보 업무까지 함께 수행해 왔다는 것
과 업무의 특성상 위험에 노출될 확률이 높다는 사실 등을 고려
하였다고 추정할 수 있다.*

헌법 제32조 제6항에서는 보훈대상자를 국가유공자·상이군
경·전몰군경으로 규정하고 있는데, 이때 국가유공자는 상이군
경과 전몰군경을 포함하는 개념으로 사용되고 있다(즉, 상이군
경·전몰군경은 예시에 해당한다). 만약 국가유공자와 상이군경 및
전몰군경을 같은 선상의 개념으로 이해할 경우 상이군경에 비해
서 희생의 정도가 더 큰 '순직군경'이 제외되는 비합리적인 결론
이 나올 수 있기에, 국가유공자는 상이군경과 전몰군경을 포함

---

* 실제로 헌법 제29조 제2항에서도 경찰을 군인과 같이 취급하고 있다.

하는 포괄적인 용어로 해석해야 할 것이다.

따라서 헌법 제32조 제6항에서 말하는 국가유공자는 ① 국가의 독립과 안전 ② 주권의 수호라는 중대한 가치를 지키는 과정에 희생되거나 그런 가치를 지키는 데 공헌한 자들로 이해되어야 할 것이다. 또한 조국의 독립에 앞장선 순국선열과 애국지사, 4·19혁명 당시에 목숨을 바쳐 민주주의를 계승시킨 민주화 운동가 등처럼 나라와 민족을 위하여 큰 공을 세우거나 특별 희생을 감수한 자, 한국전쟁 등 국가 위기에 직면하여 나라를 위해 생명과 신체를 희생한 전몰·전상 군경, 국민의 자유를 옹호하기 위해 생명과 신체의 희생을 감수한 순직·공상 군경을 그 대상으로 보는 것이 타당할 것이다.

2. 국가보훈제도

1) 국가보훈이란?

일반적으로 국가보훈(National Merit Reward)은 "공동체의 유지·발전을 위해 공헌 또는 희생한 이들에게 그에 상응하는 유무형의 물질적 혹은 정신적 예우를 행함과 동시에 사회의 구성원들이 이들을 잊지 않도록 함으로써 명예로운 삶을 유지하고, 보장될 수 있도록 하는 국가적 차원의 활동"으로 정의할 수 있다.(김종성, 2006: 21-25) 개인이 사회의 이익을 위해 실천한 행위로 인하여 생명의 위협과 신체의 훼손 위험이 일어났을 경우 국가는 국민적 연대의 관점에 기초하여 이를 보호하고 혹은 보상을 해 주는 것이 보편적 현상이다.(전광석, 앞의 논문, 122) 흔히 애국심이라 부르는 이러한 감정을 토대로 사회통합과 국가 발전을 이룰 수 있다. 이를 정책적·규범적으로 승화하여 국가의 당위적 가치 질서로 삼고자 하는 제도가 바로 국가보훈제도이다.

국가보훈이란, 국가의 안전과 존립을 위한 공헌과 희생에 대하여 보상과 예우를 행하며, 이를 사회적 공감대로 심화하여 국민의 애국심 함양과 국가의 정체성 수립의 계기로 삼고, 나아가 국가의 유지와 발전을 위한 기능을 수행할 수 있도록 한다는 점에서 제도적으로 중요한 의미가 있다.(정원섭 2002, 3)

국가의 안전과 존립 또는 국민의 기본적 권리 보장을 위해 특별한 희생을 감수한 이들을 보호하는 것은 사회의 보편적인 정서이다. 국민의 기본적 권리를 보장하고 사회통합이라는 질서를 지향하는 최고법인 헌법은 전문과 제32조 제6항을 통해 국가보훈제도의 근거를 직·간접적으로 제시하고 있다. 헌법 자체에 국가보훈의 근거를 두고 있고, 그 보호대상인 보훈대상자에 대해 국가 차원의 적극적 보호를 인정하고 있으며, 법률에 의하여 (이른바 법률 유보의 원칙) 이를 실현하고 있는 현행 보훈제도는 이러한 헌법적 명령이 더 구체적으로 반영될 수 있도록 체계화되어야 할 것이다.

2) 보훈제도의 변화 과정

우리나라에서 보훈제도가 운영된 것은, 1950년 무력 충돌이 빈번했고 남성의 노동력이 중시되던 현실에서 공비 토벌이라는 명분으로 투입되었다가 희생된 사람들을 위해 제정한 「군사원호법」(1950.4.14. 법률 제127호)이 시초라 할 수 있다. 이 제도의 목적은 군무에 복무하는 장병과 그 가족 또는 유족에 대한 원호였고, 내용을 살펴보면 "생계부조와 직업보호 및 의료혜택을 제공한다"는 것이었다. 아쉽게도 경제적인 여건상 지원대상자가 '상병군인'에 제한되는 등 지원자의 요건이 단순·추상적이고, 기본적인 혜택만을 제공하는 정도에 그쳐, 물질적으로 어려운 시기였던 당시에는 실효성이 그다지 크지는 않았다.

「군사원호법」은 1961년 「군사원호보상법」으로 변경하여 적용되었고, 지원 대상도 "제대군인·상이군인·전몰군경의 유족"으로 확대되었다. 상세하게는 전상군경, 공상군경, 전몰군경 유족, 6·25 전쟁 희생자, 애국지사, 4.19 혁명, 재일학도의용군인 등을 포함하여 지원 대상이 제법 넓어졌다.

1984년 국가유공자 예우제도를 개혁하면서 주무 관청의 이름도 '원호처'에서 '국가보훈처'로 개명하였고, 「국가유공자 등 예우 지원에 관한 법률」을 제정하여(1984. 법률 제3742호) 현재와 같은 제도의 기본적인 모형을 갖추게 되었다. 이후 「보훈보상대상자 지원에 관한 법률」(2011. 법률 제11942호)이 제정되면서 혜택 범위와 내용이 확장·보충되어, 취업이나 의료 및 교육 지원은 물론 할인된 이자율의 대출과 주택 지원 등까지 포함하게 되었다.

여기에서 심도 있게 볼 만한 것은 보훈제도가 물질적인 보상에만 그치지는 것이 아니라 보훈정신의 고취와 기념 등 대인적처분 이상으로 발전하기 시작했다는 점이다. 이런 변화된 패러다임은 「국가보훈기본법」(2005.5.31. 법률 제7572호)의 제정으로 더욱 공고해지기 시작하였다.

이 법을 통해 국가 혹은 지방자치단체*는 희생·공헌자의 공훈과 국가에 대한 사랑을 선양하고, 국가보훈대상자를 예우하는 기반을 쌓기 위해 노력하며(법 제5조 제1항), 국가의 보훈 발전 기본계획과 실천계획을 수립·시행하고(법 제8조, 제9조), 보훈 문화 창달 노력(법 제21조), 국제교류·협력 강화(같은 법 제28조) 등 개별적인 모습을 벗어나 체계적인 시스템 하에서 보훈에 대한 이미지를 살리기 위한 접근을 하고 있다. 그러나 이 규정들이 '선언적' 의미를 벗어나 실제로 얼마나 실효적인지에 대해서는 의문을 제기하기도 한다.

또한 역사적 평가에 따라 보훈대상자들의 발굴과 재발견이 이루어졌다. 이로 인하여 몇몇 사건이나 이념에 국한되지 않고 보훈제도의 맥락에 대한 변화까지 이루어질 수 있었다. 대표적인 것이 「독립유공자 예우에 관한 법률」과 5·18 유공자, 「특수임무 유공자 예우 및 단체 설립에 관한 법률」을 들 수 있을 것이다. 이들은 처음에는 국가로부터 그들의 직무에 대한 보상을 제대로 받지 못했거나 외면 받았기에, 이런 법률의 제정은 과거사 진상

---

* 예전에는 국가만이 보훈을 담당했지만 지방자치제의 발달로 지방자치단체의 역할이 더욱 커지고 있다.

조사 작업의 일환이라는 성격도 갖는다.(전수미, 2021: 117-118)

3) 보훈 의식과 보문 문화의 중요성

국가보훈에 있어서 가장 기본적이며 핵심적인 것은 사회의 변화에 부합하도록 의식을 "현대적"으로 업그레이드하는 것이다. 이를 위해 국가보훈 의식을 더욱 강화하는 방법을 통하여 현행 체계를 "현실화"해야 한다. 현행 국가보훈 의식에서 가장 우선적인 과제로 지적되는 것은 새로운 보훈 의식을 확보하고 보상 체계를 더 체계적으로 개선해야 한다는 것이다. 이러한 보훈 의식에 담긴 공동체적 가치, 즉 보훈 의식 가치를 확보하는 일은 국가보훈 의식의 "현대적 선양"에서 상당히 중요하다. 사회가 발전할수록 개인주의 사상이 지배를 이루며 개인적으로는 국가관이나 국가정체성, 애국심 등이 약화되는 경향이 강하다. 이러한 사회 변화를 반영하여 보훈 의식 가치를 새롭게 점검할 필요가 있다.(김문조, 2005: 23)

우리 사회의 발전에 부합하는 현대적인 보훈 의식의 정립이 필요하며, 이러한 보훈 의식 가치의 확보는 대한민국이 현대 국가로서의 정당성과 위엄을 더욱 강화하는 데에도 도움이 될 수 있을 것이다. 두 번째로는 보훈 의식 가치가 국민의 일상생활에서 체득될 수 있도록 하는 것이 중요하다. 보훈 의식이 국민의 생활에 내면화된 가치 체계로 정착할 수 있도록 하는 것은 곧 보훈 문화의 일상화를 의미한다는 것이다.(정숙경, 2009: 74)

국가보훈 의식은 대한민국의 국가권력의 정당성을 기반으로 한 애국심의 총체, 국어적인 표현으로 '나라 사랑의 정신'을 말한다. 그런데 국가보훈 의식은 현대사회가 발전하면 할수록 탈근대적인 가치관의 확산과 함께 개인주의가 팽배해지면서 점점 흐려지고 약화된다. 이러한 경향은 현대사회의 변화, 즉 개인들의 국가관과 정체성이 약화되는 탈근대적 경향을 고려할 때 어쩌면 자연스러운 귀결이라고 할 수 있다. 최근 우리나라도 정보 사회, 다양한 문화를 가진 국가로 진입하면서 점점 더 다원화되고 있는 추세이다. 개인의 정체성이 소비나 문화를 중심으로 "스타일화" 혹은 개성화되고 있어서, 개인을 희생하고 국가 중심으로 결속하는 경향은 약화되고 있다. 예를 들어 한국인들은 월드컵 응원, 붉은악마, 박태환, 김연아 등을 응원하며 국가 전체에 대해서는 강한 자부심을 느끼지만, 실제로 국가를 위해 일방적인 헌신과 희생을 해야 하는 상황에서 선택을 요구받는다면, 긍정적인 수용보다는 부정적인 거부가 더 많을 것이다. 바로 이러한 상

황이 "약화된, 약한" 국가보훈 의식을 좀 더 "강화된, 강한" 국가
보훈 의식으로 변화·발전시켜야 하는 이유이다. 이것이 국가보
훈 의식의 선진화라고도 할 수 있을 것이다.(정숙경, 2009: 64)

4) 보훈정책의 방향 전환 단계

국가보훈처의 보훈법령 체계를 시계열적으로 나열해 보면 다
음과 같다.

연대별		보훈정책 방향
태동기	1950-60년대	제도 정착을 통한 생계안정 중심
창설기 정착기 및 성장기	1970년대	국가보상의 수준 신장과 국민 성원을 통한 자립기반 조성 중심
	1980년대	이념적 기반 구축을 통한 정신적 예우 강화와 전반적 생활수준 향상과 복지시책 확대
제도 전환기	1990년대	생활지원과 복지시책의 강화로 영예로운 생활보장과 민족정기선양 사업의 심화·발전으로 애국심고취
	2000년대	민족정기 선양을 통한 보훈 문화 저변 확대와 남북 화해·협력시책의 개발

2000년대에 현행되고 있는 법령 중 1차 개정 시점을 기준으
로 하여, 1980년대의 「국가유공자 등 예우 및 지원에 관한 법률」
(1988), 「국가유공자 등 단체 설립에 관한 법률」(1984), 「보훈기금

법」(1984), 「한국보훈복지의료공단법」(1984) 등이 있고, 1990년대에는 「독립유공자 예우에 관한 법률」(1995), 「고엽제 후유증의 중환자 지원 등에 관한 법률」(1995), 2000년대에는 「참전군인 등 지원에 관한 법률」(2000), 「제대군인 지원에 관한 법률」(2001) 등이다.(송미원, 2004 :109)

3. 보훈법제

1) 용어 정리*

(1) 전몰군경

군인이나 경찰공무원으로서 전투 또는 이에 준하는 직무수행 중 상이를 입고 사망하신 분, 군무원으로서 1959년 12월 31일 이전에 전투 또는 이에 준하는 직무수행 중 사망하신 분

---

* 국가보훈처, https://www.mpva.go.kr/mpva/contents.do?key=105 (2021년 7월 15일 검색).

(2) 전상군경

군인이나 경찰공무원으로서 전투 또는 이에 준하는 직무수행 중 상이를 입고 전역하거나 퇴직하신 분으로서 그 상이 정도가 국가보훈처장이 실시하는 신체검사에서 상이등급 1급 내지 7급으로 판정된 분, 군무원으로서 1959년 12월 31일 이전에 전투 또는 이에 준하는 직무수행 중 상이를 입고 퇴직하신 분으로서 그 상이 정도가 국가보훈처장이 실시하는 신체검사에서 상이등급 1급 내지 7급으로 판정된 분

(3) 순직군경

군인이나 경찰·소방 공무원으로서 국가의 수호·안전보장 또는 국민의 생명·재산 보호와 직접적인 관련이 있는 직무수행이나 교육훈련 중 사망하신 분(질병으로 사망하신 분 포함), 소방공무원은 국가유공자 예우법 개정 시행일인 2011.6.30.이후 사망하신 분부터 적용(2011.6.29. 이전은 화재 구조 구급 업무와 관련 사망하신 분만 순직군경에 준하여 보상)

(4) 공상군경

군인이나 경찰.소방 공무원으로서 국가의 수호.안전보장 또

는 국민의 생명·재산 보호와 직접적인 관련이 있는 직무수행이나 교육훈련 중 상이를 입고 전역하거나 퇴직하신 분으로서 그 상이 정도가 국가보훈처장이 실시하는 신체검사에서 상이등급 1급 내지 7급으로 판정된 분

(5) 무공수훈자

무공훈장(태극, 을지, 충무, 화랑, 인헌, 무공훈장)을 받으신 분(공무원 또는 군인 등은 전역 또는 퇴직하신 분만 해당)

(6) 보국수훈자

보국훈장(통일장, 국선장, 천수장, 삼일장, 광복장)을 받으신 분으로 아래에 해당하시는 분(단, 공무원은 보국훈장을 받고 퇴직하신 분)

① 군인으로서 보국훈장을 받고 전역하신 분 ② 군인 외의 사람으로서 간첩체포, 무기개발 등의 사유로 보국훈장을 받으신 분(공무원은 2011. 6.30 이후 신규 임용되신 분에게 적용)

공무원은 2011. 6.29 이전에 신규 임용되어 보국훈장을 받고 퇴직하신 분은 위 나항의 사유와 관계없이 등록 가능

(7) 6·25참전 재일학도 의용군인

대한민국 국민으로서 일본국에 거주하던 분으로 1950년 6월 25일부터 1953년 7월 27일까지의 사이에 국군 또는 국제연합군에 지원 입대하여 6·25사변에 참전하고 제대된 분(파면 또는 형의 선고를 받고 제대하신 분 제외)

(8) 4·19혁명 사망자

1960년 4월 19일을 전후한 혁명에 참가하여 사망하신 분

(9) 4·19혁명 부상자

1960년 4월 19일을 전후한 혁명에 참가하여 상이를 입은 분으로 그 상이 정도가 국가보훈처장이 실시하는 신체검사에서 1급 내지 7급의 상이등급에 해당하는 신체의 장애를 입은 것으로 판정된 분

(10) 4·19혁명 공로자

1960년 4월 19일을 전후한 혁명에 참가하신 분 중 4.19혁명 사망자 및 4·19혁명 부상자에 해당하지 아니한 분으로 건국포장을 받은 분

(11) 순직공무원

국가공무원법 제2조 및 지방공무원법 제2조에 규정된 공무원(군인 및 경찰공무원 제외)과 공무원연금법시행령 제2조의 적용을 받는 직원으로서 국민의 생명·재산보호와 직접적인 관련이 있는 직무수행이나 교육훈련 중 사망하신 분(질병으로 인하여 사망하신 분 포함)

(12) 국가사회발전 특별공로 순직자·상이자 및 공로자

국가사회발전에 현저한 공이 있으신 분 중 그 공로와 관련되어 순직하신 분·상이를 입으신 분 공로자로서 국무회의에서 이 법의 적용대상자로 의결되신 분(상이를 입으신 분은 그 상이 정도가 국가보훈처장이 실시하는 신체검사에서 1급내지 7급의 상이등급에 해당하는 신체의 장애를 입은 것으로 판정된 분)

(13) 전투종사군무원등에 대한 보상

군사적 목적으로 외국에 파견된 군무원 또는 공무원, 정부의 승인을 얻어 종군한 기자, 구 전시근로동원법에 의하여 동원되신 분, 청년단원·향토방위대원·소방관·의용소방관·학도병 기타 애국단체원으로서 전투 또는 이에 준한 행위 등으로 사망하

신 분, 상이를 입고 등록신청 이전에 그 상이로 인하여 사망하였다고 의학적으로 인정되신 분, 상이를 입은 자로서 그 상이 정도가 국가보훈처장이 실시하는 신체검사에서 상이등급 1급 내지 7급으로 판정되시는 분은 위 전몰군경·전상군경·순직군경 또는 공상군경으로 보아 등록됨

(14) 개별 법령에 의거 등록되는 국가유공자

전투경찰대원, 경비교도대원, 의무소방대원, 향토예비군대원, 민방위대원, 공익근무요원 등으로서 사망하거나 상이를 입으신 분으로 해당 법령이 규정한 조건과 국가유공자 등 예우 및 지원에 관한 법령이 규정한 조건에 해당하면 위 전몰군경·전상군경·순직군경 또는 공상군경으로 보아 등록됨

(15) 6·18자유상이자에 대한 준용

북한의 군인 또는 군무원으로서 1950년 6월 25일부터 1953년 7월 23일까지의 사이에 국군 또는 국제연합군에 포로가 되신 분으로 일정 요건에 해당되는 분에 대하여는 위 공상 군경에 준하는 보상

2) 국가보훈기본법

국가보훈의 목적, 이념, 내용을 규정하고 있는 가장 기본적인 법은 「국가보훈기본법」이다. 이 법을 이해하면 한국 보훈의 성격 전반이 이해된다고 해도 과언이 아니다. 이 법의 개요를 살펴보도록 하자.

(1) 목적 및 배경

「국가보훈기본법」은 제1조에서 "국가보훈에 관한 기본적인 사항을 정함으로써 국가를 위하여 희생하거나 공헌한 사람의 숭고한 정신을 선양하고 그와 그 유족 또는 가족의 영예로운 삶을 도모하며 나아가 국민의 나라 사랑 정신 함양에 이바지함을 목적으로 한다"고 밝히고 있다.

보훈 관련 법률의 변화과정을 시기별로 보면, 박정희 정권이 시작되는 시점인 1960년대 초기부터 1970년대 사이에는 한국전쟁으로 인한 전사, 전상자 위주의 원호법 성격의 법률이 주종을 이루었다. 1980년대에는 전두환 정권이 시작되면서 「국가유공자 예우 등에 관한 법률」이 제정되어 물질적 지원뿐만 아니라 정신적 명예 선양까지 포함하는 예우법 체계로 전환되었다. 1990

년대의 김영삼 정부에서는 「독립유공자 예우에 관한 법률」이 분리·입법화되었고, 「고엽제 후유의증환자 지원에 관한 법률」과 「참전유공자 예우에 관한 법률」 그리고 「제대군인 지원에 관한 법률」이 제정되었다. 김대중 정부에서는 「5·18 민주유공자 예우에 관한 법률」이, 노무현 정부에서는 「특수임무 수행자 지원에 관한 법률」이 각각 제정되었다.

기존의 보훈대상자인 독립유공자, 국가유공자 외에 참전유공자, 고엽제 피해자, 5·18 민주유공자, 제대군인 등 다양한 계층이 편입될 때마다 각 대상별로 개별 법률이 제정되어 왔다. 이로 인해 보훈의 원칙과 기준에 통합성이 떨어지고 보훈에 대한 정체성 논란이 지속되었으며, 보훈정책을 효율적으로 수행할 수 있는 추진 체계가 미흡하다는 지적이 있어 왔다. 또한 기존 보훈법률은 보훈대상자에 대한 지원과 관리에 중점을 두고 있어서, 그분들의 희생과 공헌을 후세에게 교육시키고 계승하는 내용이 부족하다는 문제점이 있었다. 이러한 문제점을 해결하기 위해 보훈이념, 보상기준, 공훈선양 등 보훈의 기본원칙과 방향을 규정하기 위한 미래지향적인 보훈의 기본틀, 즉 「국가보훈기본법」(2005) 제정이 요구되었다.

이처럼 국가의 보훈정책은 1960년대 초기 「원호관련법」의 제정을 시작으로 역사가 진행되면서 기존 독립유공자와 국가유공자 외에 국가를 위해 희생·헌신한 분들을 지원하기 위한 개별법의 제정을 통하여 산발적으로 집행되어 왔다. 때문에 일관성 있는 법체계 속에서 정책화되지 못하고 정치적 의도에 따라 보훈 정책이 집행되어 오면서 대상자들 간의 갈등과 오해를 낳기도 했음을 부인할 수 없다. 이런 점에서 「국가보훈기본법」은 조금 더 일찍 마련되었어야 할 법이다. 이와 더불어 그동안 보훈 대상이 지속적으로 확대되는 등 보훈 행정의 업무가 양적, 질적으로 증가함에 따라 국가보훈의 일관성 있는 원칙을 정립할 필요도 커졌다.

(2) 경과

국가보훈처는 2003년부터 각계 전문가로 자문위원단을 구성하고, 민관 공동으로 공청회와 워크숍을 개최하는 등 수 차례의 논의를 거쳐 국가보훈 기본 법안을 마련하였다. 이 법안은 2005년 5월 3일 제253회 임시국회 본회의에서 통과되어 같은 해 5월 31일에 법률 제7572호로 제정 공포되었고, 6개월 후인 12월 1일부터 시행되었다.

(3) 내용

「국가보훈기본법」은 총 4장 30조로 구성되어 있다. 여기서는 무엇보다 보훈의 이념을 명확히 하면서 보훈의 중요성을 강조하고, 보훈의 대상과 보훈정책을 추진하는 주체들의 책무와 그 추진 체계의 확립, 보훈대상자들에 대한 예우와 보상 그리고 보훈문화의 확산을 위한 방안 등에 대해 규정하고 있다.

① 국가보훈의 이념과 가치의 규정

이 법에서는 보훈의 이념을 국가를 위해 희생하거나 공헌한 분들의 정신을 기억하고 선양함으로써 국민통합을 이루고 미래의 국가 발전을 도모하는 것을 기본이념으로 설정하였다.

② 보훈대상의 범위 규정

독립·국가수호·민주 등을 중심으로 대상 범위를 명확하게 정립하였다.

1-일제로부터 조국의 자주독립

2-국가의 수호 또는 안전보장

3-대한민국의 자유민주주의의 발전

4-국민의 생명 또는 재산의 보호 등 공무수행

③ 국가보훈위원회 설치

국무총리를 위원장으로 민관 공동으로 구성되는 국가보훈위원회를 설치하여 신규 보훈대상 범위 결정, 보상 원칙 설정 등 주요 보훈정책에 대한 심도 있는 검토와 자문을 실시할 수 있도록 했다.

④ 보훈 발전 기본 계획(5년 단위)과 부처별 실천 계획 수립

5년마다 관계부처의 협의와 국가보훈위원회의 심의를 거쳐 국가보훈 발전 기본 계획을 수립하고, 관계기관의 장은 소관 실천계획을 수립하고 시행하도록 했다.

⑤ 보상 기준 설정

보훈대상자들의 희생과 공헌에 상응한 예우와 지원의 실시 등 보상의 기본 원칙을 명시하였다.

⑥ 보훈 문화 창달

공훈선양 시책을 체계적으로 추진할 수 있도록 나라 사랑 정신 교육의 실시, 공훈 선양 시설의 건립, 의전상의 예우, 기념행사 실시, 국립묘지 등에의 안장, 국제교류 및 협력의 강화 등이

포함되어 있다.

3) 국가유공자 등 단체 설립에 관한 법률

(1) 목적

이 법은 대한민국상이군경회, 대한민국전몰군경유족회, 대한민국전몰군경미망인회, 광복회, 4·19민주혁명회, 4·19혁명희생자유족회, 4·19혁명공로자회, 재일학도의용군동지회 및 대한민국무공수훈자회를 설립함으로써 국가유공자와 그 유족이 상부상조하여 자활 능력을 기르고 순국선열과 호국전몰장병의 유지를 이어 민족정기를 선양하고 국민의 애국정신을 함양하며 자유민주주의의 수호 및 조국의 평화적 통일과 국제평화의 유지에 이바지함을 목적으로 한다.

(2) 경과

국가보훈처는 1961년 8월 5일 군사원호청이 설립된 이래로 다음과 같이 보훈단체를 관리해 오고 있다.

① 1963년 8월 7일: 「군사원호대상자 단체 설립에 관한 법률」을 제정하고, 대한상이군경회 등 3개 군사원호단체를 설립하였다.

② 1973년 3월 3일:「군사원호대상자 단체 설립에 관한 법률」을 「원호대상자 단체 설립에 관한 법률」로 개칭하고, 광복회, 4·19의거상이자회, 4·19의거희생자유족회를 공법단체로 전환하였다.

③ 1984년 8월 2일: 법률의 명칭 및 법률용어 등을 「국가유공자예우 등에 관한 법률」에 맞추어 「국가유공자 등 단체 설립에 관한 법률」을 개정하였다.

④ 1988년 12월 31일: 단체 명칭을 변경(대한○○○ → 대한민국○○○)하였으며, 재일학도의용군동지회를 공법단체로 전환하였다.

⑤ 1991년 12월 27일: 대한무공수훈자회를 공법단체로 전환하였다.

⑥ 1994년 12월 31일: 4·19의거상이자회를 4·19혁명상이자회로 단체 명칭을 변경하였다.

⑦ 1995년 12월 29일: 상이군경회, 4·19혁명상이자회 등에 대해 상이국가유공자단체 수익사업을 허용하였다.

⑧ 2000년 12월 31일: 4·19혁명 공로자회를 공법단체로 전환하였다.

⑨ 2003년 8월 19일: (사)5·18민주화운동부상자회의 설립을 허

가하였다.

⑩ 2004년 5월 29일: (사)5·18민주유공자유족회의 설립을 허가하였다.

⑪ 2004년 8월 2일: (사)5·18유공자동지회의 설립을 허가하였다.

(3) 보훈단체 현황

정부로부터 지원을 받는 보훈단체로는 광복회, 대한민국상이군경회, 대한민국전몰군경유족회, 대한민국전몰군경미망인회, 대한민국무공수훈자회, 재일학도의용군동지회, 4·19민주혁명회, 4·19혁명희생자유족회, 4·19혁명공로자회 등이 있다. 보훈단체는 본부의 소재지에 설립 등기를 함으로써 성립한다.

(4) 정치 활동 금지

각 보훈단체는 특정 정당의 정강과 특정의 공직 후보자를 지지하거나 반대하는 등의 정치 활동을 할 수 없으며, 회원으로부터 정치자금을 징수할 수 없고, 각 단체의 기금은 정치자금법에 유용할 수 없다.

4) 대한민국재향군인회법

(1) 목적

1952년 2월 1일 창설된 후, 1963년 7월 19일 법률 제1207호 대한민국 재향군인회법에 의해 법적 법인이 된 단체로, "재향군인 상호간의 친목을 도모하고, 군인정신의 앙양과 군사 능력을 증진하여 조국의 독립과 자유의 수호에 공헌"함을 목적으로 한다.

(2) 대상

재향군인회법 제5조에 의해 모든 퇴역 군인 출신과 예비역, 보충역필, 그리고 제2국민역으로 대한민국 국군에 소집되어 병역을 마친 자는 자동적으로 재향군인회 회원이 되어, 거의 대부분의 대한민국 성인 남자는 재향군인회 회원이 된다. 재향군인회는 민간단체의 성격을 띠고 있으나 정부로부터 기금이나 국고보조의 형태로 매년 400억원 대에 해당하는 예산을 지원받고 있다.

(3) 안보 활동

재향군인회는 명실상부한 안보단체로서 '정치적 중립 의무를 준수'하기 위하여 '향군 안보 활동 기조'를 정립하여 지침화하였으며, 향군은 안보 활동 목표를 국민을 대상으로 한 안보 활동에 두고, 국민 안보의식 계도 분야와 국가 안보정책 지원 분야로 구분하여 총 12개 항의 최적화된 안보 활동 기조를 선정하고, 중점별 세부 기준을 제시하고 있다.

① 북한 위협의 실체를 국민에게 올바르게 알리는 활동

② 군의 사기를 진작시켜 국민에게 신뢰받는 군대가 육성되도록 하는 것

③ 한·미동맹에 대한 올바른 이해를 통한 한·미동맹 공고화 지원 활동

5) 한국보훈복지의료공단법

(1) 목적

이 법은 한국보훈복지의료공단을 설립하여 보훈대상자에 대한 진료와 중상이자에 대한 의학적·정신적 재활 및 직업 재활을 행하여 그 자립 정착을 도모하고, 복지증진에 기여하는 것을 목적으로 한다.

(2) 내용

① 한국보훈복지의료공단의 사업: 국가유공자 등의 진료·보호 및 의학적·정신적 재활, 국가유공자 등의 직업재활교육 등 교육·훈련, 국가유공자 등 단체의 운영지원, 국가유공자 등을 위한 주택의 건설·공급·임대사업과 택지의 취득 및 복지시설의 운영, 국가유공자 등 및 그 자녀의 학비지원, 호국정신의 함양 및 고취를 위한 사업과 보훈정책의 연구, 제대군인의 사회복귀 지원 및 인력 활용을 촉진하기 위한 사업, 참전군인 등의 해외파병으로 인하여 발생한 질병에 대한 조사·연구, 제1호 내지 제6호의3* 사업수행을 위한 수익사업 및 부대사업, 보훈기금증식사

---

* 1. 제1조에 따른 법률의 적용대상자(이하 "국가유공자등"이라 한다)의 진료, 건강관리, 보호 및 의학적·정신적 재활과 이에 대한 조사·연구
  2. 국가유공자등의 직업 재활 교육 등 교육·훈련
  3. 국가유공자등 단체의 운영 지원
  4. 국가유공자등을 위한 주택의 건설·공급·임대사업, 택지의 취득 및 주거환경개선 사업
  5. 국가유공자등과 그 자녀의 학비 지원
  6. 호국정신을 기르고 북돋기 위하여 필요한 사업과 보훈 정책의 연구
  7. 제대군인의 사회복귀 지원 및 인력 활용을 촉진하기 위한 사업
  8. 참전군인 등의 해외파병으로 인하여 발생한 질병에 대한 조사·연구
  9. 국가유공자등의 양로·요양·휴양 등을 위한 복지시설의 운영
  10. 제1호부터 제9호까지의 사업 수행을 위한 수익사업 및 부대사업
  11. 보훈기금증식사업 등 국가보훈처장이 다른 법률에 따라 위탁하는 사업

업 등 국가보훈처장이 다른 법률의 규정에 의하여 위탁하는 사업 등을 규정하고 있다.

② 보훈병원 설치: 국가유공자 등의 진료·보호 및 의학적·정신적 재활을 위한 사업을 수행하기 위하여 공단에 보훈병원을 둔다.

③ 국유재산의 무상대부: 국가는 공단의 설립과 운영을 위하여 필요할 때에는 국유재산을 무상으로 대부할 수 있다.

④ 보상금: 보훈병원이 국가유공자등에 대하여 진료 및 정양을 행하는 경우에는 예산이 정하는 바에 따라 그 진료비(재활교육비를 포함한다) 및 정양비를 보상금으로 공단에 교부한다.

⑤ 잉여금의 처리: 공단의 매 사업연도의 잉여금은 보훈병원 등의 자본적 투자에 우선 충당하고, 다음 연도 사업을 위한 유보액을 제외한 금액은 보훈기금법에 의한 기금의 수입으로 한다.

⑥ 공단 감독: 국가보훈처장은 공단을 감독하며, 그 업무에 관한 보고 또는 서류의 제출을 명하거나, 소속 공무원으로 하여금 필요한 물건을 검사하게 할 수 있다.

6) 보훈기금법

(1) 목적

이 법은 보훈 관련법의 적용 대상자의 명예를 선양하고 복지를 증진하며, 대한민국재향군인회의 사업을 지원하기 위하여 보훈기금을 설치하고 그 운용·관리에 관한 사항을 규정함을 목적으로 한다.

(2) 추진 경과

보훈기금은 1962년 12월 31일 「군사원호특별회계」를 「원호특별회계」로 개정(법률 제1251호)하면서 동법 제7조의 규정에 의거 정착 대부금의 운용을 위한 회전 기금을 보유하게 되었다. 당초의 기금 조성은 원호특별회계의 보상금계정, 군인보험계정, 대부계정의 결산잉여금을 재원으로 하였다.

(3) 내용

① 순국선열·애국지사사업기금: 대일청구권자금에서 조성된 기금을 생존 애국지사에 대한 특별예우금, 후손에 대한 생계보조비, 제수비, 독립기념사업비 등으로 사용하고 있다.

② 보훈기금: 보훈대상자를 위하여 기부된 성금, 복권기금전입금, 한국보훈복지의료공단 수익금, 향군사업기부금 등을 재원으로 하여 주로 대부자금, 의료시설 등 운영지원비, 복지사업자금으로 사용하고 있다.

7) 국가유공자 등 예우 및 지원에 관한 법률

(1) 목적

국가를 위하여 희생하거나 공헌한 국가유공자, 그 유족 또는 가족을 합당하게 예우(禮遇)하고 지원함으로써 이들의 생활안정과 복지향상을 도모하고 국민의 애국정신을 기르는 데에 이바지함을 목적으로 한다.

(2) 경과

한국전쟁 전후에 공비 토벌 작전 희생자 군장병 및 유가족 원호를 위해 「군사원호법」(1950), 상이경찰 및 순직경찰관의 유가족 원호를 위해 「경찰원호법」(1951), 전몰군경 유족 및 상이군경 연금 지급을 위해 「전몰군경유족과 상이군경연금법」(1952)이 각각 제정 공포되었다. 그러다 5·16 쿠데타가 일어난 1961년에 보훈 관련법 통폐합 차원에서 「군사원호법」과 「경찰원호법」이 「군사원호보상법」으로 통합되었으며, 같은 해 원호 대상자의 국가기관 우선 임용을 위한 「군사원호 대상자 임용법」, 기업체 취업 알선을 위한 「군사원호 대상자 고용법」, 원호대상자 정착 장기 저리 대부 실시를 위한 「원호대상자정착대부법」, 전몰군경 유자녀·상이군경 자녀 교육보호를 위한 「군사원호 대상자 자녀교육보호법」이 각각 제정 공포되었다. 아울러 1962년에는 독립유공자, 4·19혁명 희생자 등 특별원호를 위한 「국가유공자 및 월남귀순자 특별원호법」, 「전몰군경 유족과 상이군경 연금법」을 대체한 「군사원호보상급여금법」이 각각 제정 공포되었다. 그러나 이처럼 7개 법(「군사원호대상자임용법」, 「군사원호대상자고용법」, 「원호대상자정착대부법」, 「군사원호보상법」, 「군사원호대상자자녀교육보호법」, 「국가유공자및월남귀순자특별원호법」, 「군사원호보상급여금법」 등)으로 귀결된 국가유공자 관련 법률 체계로는 국가유공자 보상을 합리적으로 수행하기는 어려운 일이었다. 이에 따라 이 7개 법을 일원화하여 1984년 8월 2일에 「국가유공자 예우 등에 관한 법률」을 제정 공포하였으며, 1997년 1월 13일 법 개정시 오늘의 「국가유공자 등 예우 및 지원에 관한 법률」로 개칭하였다.

(3) 내용

① 제1장(제1조~제10조): 총칙으로서 목적, 예우의 기본이념, 정부의 시책, 적용대상 국가유공자, 유족 등의 범위 등을 담고 있다.

② 제2장(제11조~제20조): 보훈급여금과 관련된 규정을 담고 있다.

③ 제3장(제21조~제27조): 교육지원과 관련된 규정을 담고 있다.

④ 제4장(제28조~제40조): 취업지원과 관련된 규정을 담고 있다.

⑤ 제5장(제41조~제245조): 의료지원과 관련된 규정을 담고 있다.

⑥ 제6장(제46조~제62조): 대부와 관련된 내용으로 대부 실시, 대부 대상자, 대부의 재원, 대부의 종류, 대부의 한도액 등에 대하여 규정하고 있다.

⑦ 제7장(제63조~제69조): 기타 보호에 관한 규정으로 양육보호, 양로보호 등의 위탁, 수송시설의 이용 보호, 주택의 우선분양 등에 대하여 규정하고 있다.

⑧ 제8장(제70조~제74조): 국가유공자에 준하는 군경 등에 대한

지원, 5·18자유상이자에의 준용, 국가유공자에 준하는 군경 등에 대한 보상, 전투종사 군무원 등에 대한 보상등에 대하여 규정하고 있다.

⑨ 제8장의2(제74조의2~제74조의4): 현충시설의 지정, 현충시설의 관리, 현충시설의 건립 지원 등에 관하여 규정하고 있다.

⑩ 제8장의3(제74조의5~제74조의19): 보훈심사위원회와 관련된 규정을 담고 있다.

⑪ 제9장: 벌칙, 과태료, 과태료의 부가징수 등 벌칙에 관한 내용을 담고 있다.

(4) 헌법재판소 결정례

헌재 2001. 6. 28. 99헌바32, 공보 제58호, 624 [전원재판부] 구「국가유공자 예우 등에 관한 법률」 제12조 제1항 위헌소원

① 청구 요지

청구인은 공무원으로 재직 중인 1969. 11. 23. 공무수행 중 상해를 입고, 1989. 6. 24. 국가유공자 등록신청을 하였으나 그 등록이 거부되었고, 이에 대한 행정심판 및 행정소송을 거쳐 1995. 4. 7. 구「국가유공자 예우 등에 관한 법률」에 의한 국가유공자

중 같은 법 제4조 제1항 제12호에 정한 공상공무원으로 등록되었다.

그러자 청구인은 위 국가유공자 등록신청일인 1989. 6. 24.부터 위 등록결정일인 1995. 4. 7.까지 생활조정수당 등 각종 보상금을 소급하여 지급하여 줄 것을 서울지방보훈청장에게 청구하였으나 이를 지급할 수 없다는 취지의 통지를 받았다. 이에 청구인은 서울지방보훈청장의 위 보상금 지급 청구 부결 처분의 취소를 구함과 아울러 당사자 소송으로서 위 각종 소급 보상금의 지급을 구하는 행정소송(서울고등법원 97구33531)을 제기하였고, 그와 아울러 위 국가유공자 등록과 관련하여 신체검사 담당 군의관, 서울지방보훈청장 및 서울고등법원 담당 법관 등 공무원들의 직무상 과실로 인한 위법행위로 말미암아 소급보상금 등 합계 124,170,135원의 손해를 입었다고 주장하면서 손해배상청구소송(서울고등법원 98누3633:당해소송사건)을 제기하였으나 기각되었다.

그리고 청구인은 서울고등법원에 위 손해배상청구소송사건 계속 중, 위 구 국가유공자예우등에관한법률 제12조 제1항의 위헌여부가 그 재판의 전제가 된다고 하여 위헌제청신청을 하였으나, 서울고등법원이 이를 기각하는 결정을 하자, 이에 불복하여

이 사건 헌법소원심판 청구를 하기에 이르렀다.

②판시 사항

공상공무원을 국가유공자로 예우하되 공상군경 등과 달리 연금지급대상자에는 포함시키지 아니한 구 '국가유공자 예우 등에 관한 법률' 제12조 제1항이 평등의 원칙이나 평등권을 침해하는지 여부(소극).

③결정 요지

국가가 국가유공자에게 예우할 구체적인 의무의 내용이나 범위, 그 방법·시기 등은 국가의 재정 부담 능력과 전체적인 사회보장의 수준, 국가유공자에 대한 평가 기준 등에 따라 정하여지는 입법자의 광범위한 입법 형성의 자유 영역에 속하는 것으로, 기본적으로는 국가의 입법정책에 달려 있다고 할 것이다. 또한 헌법상 평등의 원칙은 국가가 언제 어디에서 어떤 계층을 대상으로 하여 기본권에 관한 사항이나 제도의 개선을 시작할 것인지를 선택하는 것을 방해하지 않는다. 말하자면 국가는 합리적인 기준에 따라 능력이 허용하는 범위 내에서 법적 가치의 상향적 구현을 위한 제도의 단계적인 개선을 추진할 수 있는 길을 선택할 수 있어야 한다.

일반 공상공무원의 경우 위와 같은 생활보조수당, 간호수당, 보철구수당, 학자금지급 등의 혜택은 주어지되, 국가에 대한 공헌과 희생, 업무의 위험성의 정도, 국가의 재정상태 등을 고려하여 군인·경찰상이공무원과 달리 연금 및 사망 일시금을 지급하지 않는다고 해서 이를 합리적인 이유 없는 차별이라고 단정할 수 없다. 그리고 군인, 경찰 이외의 일반 공상공무원의 경우도 그 업무의 중요성, 위험성뿐만 아니라 공무원의 총체적인 처우개선, 사기진작을 위하여 연금지급을 확대하는 것이 바람직하다고 하더라도, 국가예산이나 재정, 전체적인 사회보장의 수준 등을 고려하여 단계적인 입법을 통하여 해결하는 것이 합리적이고 타당한 방안이라고 할 것이며, 위와 같은 이유로 이를 평등의 원칙이나 평등권을 침해하여 위헌이라고 할 수는 없다고 할 것이다.

8) 국가유공자 등 단체 설립에 관한 법률

(1) 목적

이 법은 고엽제 후유증 환자에 대한 「국가유공자 등 예우 및 지원에 관한 법률」에 의한 보상과 고엽제 후유의증 환자 및 고엽제후유증 2세 환자에 대한 지원에 관하여 필요한 사항과 고엽제가 인체에 미치는 영향 등에 관한 역학조사 및 연구 등을 행하기 위하여 필요한 사항을 규정함을 목적으로 한다.

(2) 경과

미국, 호주 등 월남전에 함께 참전했던 다른 나라에서는 고엽제 문제에 대한 대응 원칙이 1970년대 후반부터 확립되어 있었다. 그러나 한국에서 고엽제 문제가 처음 인식되기 시작한 것은 1990년대 초의 일로서 월남전에 참전한 호주 거주 한국 교민이 1991년에 내한해서 고엽제 문제와 그 피해 보상에 대해 발설하면서 비로소 표면화되고 사회문제로 비화되기 시작했다. 1992년 8월 정부는 관련 부처 회의를 거쳐 고엽제 피해자 지원을 국가보훈처에서 담당하기로 결정하였으며, 보상대책을 수립해 고엽제 후유증 보상 지침을 마련하고 고엽제 피해를 접수해 보상을 실시하였다. 동시에 고엽제 피해자 보상을 위한 입법화를 진행, 1993년 3월 10일에「고엽제 후유의증 환자 지원 등에 관한 법률」이 통과되기에 이르렀다. 이후 시행세칙이 마련되어 국가보훈처에서 고엽제 피해자들에 대한 심사와 보상 및 치료를 실시하게 되었다.

(3) 내용

고엽제 후유증 환자 등의 결정기준, 고엽제 후유증 환자에 대한 보상 등, 고엽제 후유의증 환자 등에 대한 진료 등, 권리의 보호, 사망한 고엽제후유증환자 등의 유족에 대한 처우, 수당 등의 환수, 반환의무의 면제, 수당의 지급정지 등의 내용을 담고 있다.

(4) 대상

① 본인

1-월남전참전: 1964년 7월 18일부터 1973년 3월 23일 사이에 월남전에 참전하여 고엽제 살포 지역에서 병역법, 군인사법 또는 군무원 인사법에 의한 군인이나 군무원으로서 복무하고 전역·퇴직하신 분과 정부의 승인을 얻어 전투나 군의 작전에 종군한 기자로서 고엽제 후유의증 환자 지원 등에 관한 법률 제5조제1항, 제2항에 해당하는 질병이 있으신 분

2-국내 전방 복무: 1967년 10월 9일부터 1972년 1월 31일 사이에 남방한계선 인접 지역에서 병역법, 군인사법 또는 군무원 인사법에 의한 군인이나 군무원으로서 복무하거나 고엽제 살포 업무에 참가하고 전역·퇴직하신 분으로 동 법 제5조제1항, 제2

항에 해당하는 질병이 있는 분

② 고엽제 후유증 2세 환자

법 제5조 제1항 각호에 해당하는 질병으로 법 제4조와 제7조에 따라 규정에 의하여 이 법 적용대상자로 결정·등록된 자 및 제8조에 따라 이미 사망한 고엽제 후유증 환자로 인정된 분의 자녀로서 월남전에 참전한 이후 또는 1967년 10월 9일부터 1972년 1월 31일 사이에 남방한계선 인접 지역에서 복무하거나 고엽제 살포 업무에 참가한 날 이후에 임신되어 출생한 자녀 중 법 제5조제3항에 해당하는 질병이 있으신 분

③ 유족

월남전에 참전하고 전역되신 분과 남방한계선 인접 지역에서 복무하고 전역되신 분등으로서 법 제4조의 규정에 의한 등록 전에 사망한 분으로서 법 제5조 제1항에 해당하는 고엽제 후유증으로 인정되어 「국가유공자 등 예우 및 지원에 관한 법률」 제6조의3제1항에 따른 신체검사에서 상이등급으로 판정된 분의 유족

9) 참전유공자 예우 및 단체 설립에 관한 법률

(1) 목적

이 법은 국가에 공헌하고 헌신한 참전유공자에게 국가가 합당한 예우와 지원을 함으로써 참전유공자의 명예를 선양하고 국민의 애국정신을 기르는 데 이바지함을 목적으로 한다.

(2) 내용

이 법은 목적, 정의(한국전쟁 및 참전유공자에 대한 정의), 적용대상, 국가 등의 책무(참전유공자의 명예를 선양하기 위한 사업 등)에 관하여 규정하고 있다.

(3) 법적 쟁점

국가에 참전유공자로 등록되지 아니한 참전유공자의 유족에게 참전명예수당을 지급하는 내용의 조례를 제정할 수 있는지에 대한 문제를 제기할 수 있다.

먼저, 「지방자치법」 제22조에서는 지방자치단체는 법령의 범위 안에서 그 사무에 관하여 조례를 제정할 수 있도록 하고 있는데, 「지방자치법」 제9조제2항제2호가목에서는 이러한 자치사무의 예시로서 주민복지에 관한 사업을 규정하고 있는바, 비록 「참전유공자예우 및 단체설립에 관한 법률」에 따라 국가에 참전유공자로 등록되지는 아니하였지만 지방자치단체가 지방자치단체의 주민 중에 「참전유공자예우 및 단체설립에 관한 법률」에 따른 참전유공자에 해당하는지 여부를 확인할 수 있는 방법 등을 정하여, 국가에 등록된 참전유공자와는 별도로 지방자치단체가 확인한 참전유공자 및 그 유족에게 별도의 수당을 지급하는 내용은 주민복지를 위한 사업으로서 조례로 정할 수 있는 것으로 보인다.

또한, 「지방자치법」 제22조에 따르면 지방자치단체는 법령에 위반되지 아니하는 범위 내에서 그 사무에 관하여 조례를 제정할 수 있는 것이고, 조례가 규율하는 특정사항에 관하여 그것을 규율하는 국가의 법령이 이미 존재하는 경우에도 조례가 법령과 별도의 목적에 기하여 규율함을 의도하는 것으로서 그 적용에 의하여 법령의 규정이 의도하는 목적과 효과를 저해하는 바가 없을 때, 또는 양자가 동일한 목적에서 출발한 것이라고 할지라도 국가의 법령이 반드시 그 규정에 의하여 전국에 걸쳐 일률적으로 동일한 내용을 규율하려는 취지가 아니고 각 지방자치단체가 그 지방의 실정에 맞게 별도로 규율하는 것을 용인하는 취지라고 해석되는 때에는 해당 조례를 정할 수 있을 것인바(대법원 1997.4.25. 선고, 96추244 판결례 참조), 다른 지방자치단체나 유공대상자 등과의 형평 문제를 우려할 수는 있을 것이나 「참전유공자 예우 및 단체설립에 관한 법률」은 참전유공자의 예우를 위한 국가의 책임을 규정한 것으로서 등록되지 않은 참전유공자에게 국가가 지급하는 수당 외에 지방자치단체가 실정에 맞게 별도로 수당을 지급하는 것을 금지하는 취지로 해석하기는 어렵고, 지방자치단체가 별도로 조례를 제정하여 예산의 범위 안에서 수당을 지급한다는 것이 같은 법이 의도하는 목적과 효과를 저해한다고 보기 어려우므로, 「참전유공자예우 및 단체설립에 관한 법률」에 따라 국가에 등록되지 아니한 참전유공자 및 그 유족에게 수당을 지급하는 내용의 조례가 「참전유공자예우 및 단체설립에 관한 법률」에 위배된다고 보기는 어렵다고 할 것이다.

다만, 「참전유공자예우 및 단체설립에 관한 법률」 제5조에서는 이 법에 따라 국가보훈처장에게 등록을 신청하여 요건이 확인되어 등록된 참전유공자만을 이 법률의 적용대상으로 보고 있고, 또한 일반적으로 "수당"은 참전유공자 또는 유족의 상징성 등을 고려하여 보훈정책적 여건을 감안하여 지급되고 보통 유공자 사망시에 그 수급권이 종결되는 형태여서 「참전유공자예우 및 단체설립에 관한 법률」에서도 참전명예수당은 참전유공자 개인만을 대상으로 지급하고 그 유족에게 수급권이 승계되지 않는다는 점 등을 고려하면, 지방자치단체의 조례에서 "참전명예수당"이라는 용어를 그대로 사용하여 국가에 등록되지 아니한 참전유공자 및 그 유족에게 수당을 주는 내용을 정하는 것은 상위 법령인 「참전유공자예우 및 단체설립에 관한 법률」에서 규정하고 있는 참전명예수당제도와 혼동을 줄 우려가 있어 바람직하지 않은 것으로 보인다.

따라서, 지방자치단체의 조례로 「참전유공자예우 및 단체설립에 관한 법률」에 따라 등록되지 아니한 참전유공자 및 참전유공자의 유족에게 지방자치단체가 그 대상을 확인하는 방법과 기준 등을 정하여 수당을 지급하는 내용을 규정할 수는 있으나, 그 명칭은 참전명예수당과 달리 정하는 것이 바람직한 것으로 보인다.

10) 독립유공자 예우에 관한 법률

(1) 목적

이 법은 일제로부터 조국의 자주독립을 위하여 공헌한 독립유공자와 그 유족에게 국가가 합당한 예우를 함으로써 독립유공자와 그 유족의 생활 안정과 복지 향상을 도모하고 나아가 국민의 애국정신을 길러 민족정기를 선양함을 목적으로 한다.

(2) 경과

1984년에 제정된 「국가유공자 등 예우 및 지원에 관한 법률」은 여러 법률을 통합하여 통일된 체계를 부여하고 입법의 경제성을 기한 특징이 있었으나 다양한 형태의 국가유공자를 하나의 법률에 규정함으로써 상호간의 갈등과 마찰을 야기하고 이 법률에 의하여 국가유공자로 규정된 일부 대상자는 국민정서에 부합되지 않는다는 지적을 받게 되었다. 이러한 이유로 독립유공자의 특수성을 감안, 1994년 12월 31일 「독립유공자 예우에 관한 법률」이 「국가유공자 등 예우 및 지원에 관한 법률」에서 분리·제정되기에 이르렀다.

(3) 주요 내용

① 제1장: 총칙으로서 목적, 예우의 기본이념, 국가 등의 시책, 적용대상자, 유족 등의 범위, 등록 및 결정, 보상원칙, 보상을 받을 권리의 발생시기, 품위유지 의무 등을 규정하고 있다.
② 제2장: 의전상의 예우, 보훈급여금, 보상금, 사망일시금,

생활조정수당, 교육보호, 취업보호, 생업지원 등 각종 예우에 대하여 규정하고 있다.

③ 제3장: 기금과 관련된 내용에 대해 담고 있다.

④ 제4장: 보훈급여금 등의 환수, 반환의무의 면제, 보상의 정지, 이 법 적용으로부터의 배제, 독립유공자 지원 단체 조직 등의 제한 등을 규정하고 있다.

⑤ 제5장: 각종 벌칙에 대한 규정을 담고 있다.

(4) 법적 쟁점

「독립유공자예우에 관한 법률」 제26조 제1항에 따르면 일제강점기에 국외로 망명하였다가 귀국하지 못하고 해외에서 거주하다가 후에 귀국하여 대한민국 국적을 취득한 자가 독립유공자 또는 독립유공자의 유족 중 세대주에 해당하면 그 정착여건과 생활유지 능력 등을 고려하여 정착금을 지급할 수 있도록 규정하고 있다. 그런데 같은 법이 제정·시행된 1995. 1. 1. 전에 국적을 취득한 사람도 독립유공자 또는 독립유공자의 유족 중 세대주에 해당하면 같은 법 제26조 제1항에 따른 정착금 지급대상에 포함될 수 있는지 여부에 대한 질문이 있을 수 있다.

「독립유공자예우에 관한 법률」 제4조에 따르면 순국선열이란 일제의 국권침탈 전후로부터 1945년 8월 14일까지 국내외에서 일제의 국권침탈을 반대하거나 독립운동을 위하여 일제에 항거하다가 그 반대나 항거로 인하여 순국한 자로서, 그 공로로 건국훈장·건국포장 또는 대통령 표창을 받은 자(제1호)를 말하고, 애국지사란 일제의 국권침탈 전후로 1945년 8월 14일까지 국내외에서 일제의 국권침탈을 반대하거나 독립운동을 위하여 일제에 항거한 사실이 있는 자로서, 그 공로로 건국훈장·건국포장 또는 대통령 표창을 받은 자(제2호)를 말하며, 이러한 순국선열과 애국지사에 해당하는 독립유공자와 그 유족 또는 가족은 같은 법에 따른 예우를 받는다고 규정되어 있다.

그리고, 「독립유공자예우에 관한 법률」 제5조 제1항에 따르면 같은 법에 따라 보상을 받는 독립유공자의 유족 또는 가족의 범위는 배우자(사실상의 배우자를 포함함. 다만, 배우자 및 사실상의 배우자가 독립유공자와 혼인 또는 사실혼 후 그 독립유공자가 아닌 다른 자와 사실혼 관계에 있거나 있었던 경우는 제외함)(제1호), 자녀(제2호), 손자녀(제3호), 며느리로서 1945년 8월 14일 이전에 구(舊)호적에 기재된 자(제4호)를 말한다고 규정되어 있다.

또한, 「독립유공자예우에 관한 법률」 제26조 제1항에 따르면 일제강점기에 국외로 망명하였다가 귀국하지 못하고 해외에서 거주하다가 후에 귀국하여 대한민국 국적을 취득한 자가 독립유공자 또는 독립유공자의 유족 중 세대주에 해당하면 그 정착여건과 생활유지 능력 등을 고려하여 정착금을 지급할 수 있도록 규정하고 있는바, 이 사안에서는 같은 법이 제정·시행된 1995. 1. 1. 전에 국적을 취득한 사람도 독립유공자 또는 독립유공자의 유족 중 세대주에 해당하면 같은 법 제26조 제1항에 따른 정착금 지급대상에 포함될 수 있는지가 문제될 수 있다.

살피건대, 「독립유공자예우에 관한 법률」은 제정(법률 제4856호, 1994.12.31. 공포, 1995.1.1. 시행) 당시 제26조 제1항에서 정착금 제도를 규정하면서 그 부칙에 해당 조문의 적용과 관련하여 별도의 적용례를 규정하지 않았고, 종전(1995.1.1. 전)에 국적을 취득한 사람 등에 대해서 별도의 경과조치를 규정하고 있지 않은바, 이는 국적취득 시기에 관계없이 법 시행일(1995.1.1.) 이후 "일제강점기에 국외로 망명하였다가 귀국하지 못하고 해외에서 거주하다가 후에 귀국하여 대한민국 국적을 취득한 자가 독립유공자 또는 독립유공자의 유족 중 세대주"에 해당하면 같은 법 제26조제1항에 따라 정착금을 지급하겠다는 의미로 해석하는 것이 상당하다고 할 것이고, 1995. 1. 1. 전에 국적을 취득했다는 사유로 독립유공자 등을 정착금 지급대상에서 배제된다고 해석하는 것은 명문의 규정 없이 이들을 차별하는 것이 되어 허용될 수 없다고 할 것이다.

또한, 정착금 제도는「독립유공자예우에 관한 법률」제정 당시, 조국광복을 위하여 일제 강점시 중국 등 국외에서 항일독립투쟁을 하다가 광복 이후 환국하지 못하고 그곳에 정착한 독립유공자와 그 후손들이 귀국하는 경우에 이들의 불안정한 생계를 지원함으로써 독립유공자 등에 대한 실질적인 보상을 도모하기 위해서 도입된 것인바, 1995. 1. 1. 전에 국적을 취득한 독립유공자 또는 독립유공자의 유족 중 세대주를 정착금 지급대상에서 배제하는 것은 정착금 제도의 입법취지에도 반한다고 할 것이다.

따라서,「독립유공자예우에 관한 법률」이 제정·시행된 1995. 1. 1. 전에 국적을 취득한 사람도 독립유공자 또는 독립유공자의 유족 중 세대주에 해당하면 같은 법 제26조 제1항에 따른 정착금 지급대상에 포함될 수 있다고 할 것이다.

11) 제대군인지원에 관한 법률

(1) 목적

이 법은 국토방위의 임무를 성실히 수행하고 전역한 제대군인의 원활한 사회 복귀를 돕고 그 인력 개발 및 활용을 촉진함으로써 제대군인의 생활안정을 도모하며 경제·사회발전에 이바지함을 목적으로 한다.

(2) 내용

① 총칙: 법 제정 목적, 사용 용어의 정의, 국가 및 지방자치단체의 책무 등에 관하여 규정하고 있다.

② 제대군인지원위원회: 위원회의 설치, 위원회의 기능, 위원회의 구성, 위원장의 직무 등에 대해 규정하고 있다.

③ 취업 및 창업지원: 직업교육훈련, 취업보호 등, 특수직종 우선고용, 채용시 우대 등, 창업지원, 취업 또는 창업지원 관련 자료 제공의 요청 등에 관하여 규정하고 있다.

④ 교육·의료·대부지원 등: 교육지원, 의료지원, 대부지원(농토구입대부, 주택대부, 사업대부, 생활안정대부, 학자금대부), 주택의 우선분양 등, 공공시설의 이용 등에 대하여 규정하고 있다.

⑤ 보칙: 지원의 정지, 법적용대상으로부터의 배제, 적용제외, 권한의 위임·위탁, 벌칙, 과태료 등에 관하여 규정하고 있다.

(3) 군가산점 제도 재도입 추진

① 개요: 군가산점 제도는 1961년 시작되어 39년간 시행되어오다 1999년 헌법재판소의 위헌 결정 이후 전면 폐지된 상태에 있다. 제도 폐지 이후 그동안 국방부와 국회는 수차례에 걸쳐 군가산점 제도의 재도입을 논의하거나 시도하였으나 여성가족부와 여성단체 등의 반발과 위헌 소지의 해소를 위한 설득의 부담 등으로 인하여 적극적으로 추진되지 못하고 있는 실정이다.

② 헌법재판소 결정에 대한 논란: 군가산점 제도가 헌법에 반한다는 헌재의 결정 논리는 첫째, 군복무가 국가의 존속과 활동을 위하여 불가결한 일로 국방의 의무를 수행한 것이지 이를 특별한 희생으로 보아 일일이 보상할 수 없다는 것이다. 둘째, 군가산점제도의 논리가 헌법 제39조 2항에 '누구든지 병역의무의 이행으로 인하여 불이익한 처우를 받지 아니한다는 것'이라고 하고 이의 적용은 경제상의 불이익이 아니라 법률상 불이익을 받지 않는 것을 의미한다는 것이다. 셋째, 군가산점제도는 여성이나 비 군인의 평등권과 공무담임권을 침해한 것으로 해석하고 있는데, 이 제도로 인하여 합격할 수 있는 점수를 받고도 탈락하는 사례가 빈번하여 가산점제도가 여성과 장애인의 취업 기회를 박탈한다는 것이다. 이는 헌법 제32조 제4항 '여성근로의 특별한

보호' 헌법 제34조 제5항 '장애자 질병 노령자 등의 국가의 보호' 및 헌법 제25조의 '공무담임권'과 관련하여 평등권을 침해한 것으로 해석하였다.

③ 헌재결정의 반대논리: 첫째, 헌법 제39조 제2항의 '불이익 처분금지'는 가산점제도가 군복무로 인하여 학업의 중단, 사회 진출의 지연, 경제 활동의 중지 등으로 인한 사실상의 불이익을 보상하는 제도로 해석할 수 있는데도 이를 부정한 것은 군복무 한 사람을 대상으로 법률적으로 불이익을 주는 규정을 만드는 법률은 있을 수 없어 이는 억지 논리라는 것이다. 둘째, 평등권의 해석도 여성이나 비제대군인의 공무담임권을 차별하기 위한 것이라기보다 제대군인의 손해 보전을 위한 제도라는 차원에서 접근해야 한다는 것이다. 셋째, 병역의무에 대한 국민적인 의식구조를 인정하는 입법사실주의를 보호하고 의회도 법적인 검토를 거쳐 만든 합헌성의 추정이라는 원칙을 존중해야 한다는 것이다. 넷째, 현실적인 가산점의 비중을 조정하여 법률을 개정하는 방법으로 국가가 39년 동안이나 운영한 제도적인 안정성과 국민의 가치관을 해쳤다는 것이다. 위헌 결정 당시 남북통일이나 징병제에서 모병제로의 전환, 남녀 병역 의무의 동시 부과 등과 같이 과거와는 다른 획기적인 환경 변화가 없었는데도 불구

하고 헌재가 이런 결정을 한 것은 무리라는 것이다.

④ 군 가산점제도 위헌 결정 이후 제대군인 지원을 위한 추진
사항: 1999년 군 가산점제도에 대한 헌법재판소의 위헌 결정 이
후 정부는 제대군인 지원을 위하여 채용 시험 응시 상한 연령 연
장 및 군경력 호봉인정(2000년 1월), 제대군인지원 센터 설치·운
영(2004년 2월~현재), 중기복무 제대군인 취·창업 지원(2006년 5
월~현재), 장기복무 제대군인 전직 지원금 지급(2008년 1월~현재),
장기복무 제대군인 법률 구조 지원(2011년 1월~현재) 등을 실시하
여 왔다.

그러나 채용시험 응시 상한 연령 연장 제도는 현재 공공기관
및 일반기업체 채용연령 제한 폐지로 그 실효성을 상실한 상태
이며, 군경력 호봉 인정 역시 권장사항에 불과해 실질적인 제대
군인 지원제도가 될 수 없다. 나머지 제대군인 지원제도 역시 대
부분 중·장기 제대군인을 대상으로 하는 지원이기 때문에 의무
복무를 마친 제대군인에 대한 실질적인 지원은 이루어지지 못하
고 있는 실정이다.

⑤ 소결: 평등권 침해 여부에 대하여 헌법재판소는 전체 여성
중 극히 일부분만이 제대군인에 해당될 수 있는 반면, 대부분의
남자들은 제대군인에 해당하므로 가산점제도는 실질적으로 성

별에 의한 차별에 해당한다고 결정하였다. 이에 대하여 출발선상에서부터 서로 다른 법적 테두리에서 시행되고 있는 남자의 병역의무 이행이 실질적으로 성별에 의한 차별로 귀결되는 것인지에 대하여는 의문이라는 지적이 제기되기도 한다.[*]

또한, 헌법재판소는 가산점 제도가 헌법 제32조 제4항이 요구하고 있는 '노동' 내지 '고용'의 영역에서 성별에 따라 남성과 여성을 달리 취급하는 제도이고, 또한 헌법 제25조에 의하여 보장된 공무담임권이라는 기본권에 중대한 제한을 초래하는 것이기 때문에 엄격한 심사를 해야 한다고 결정하였다.[**]

이에 대하여 가산점 제도의 본래의 입법 목적은 제대군인에 대한 '보상'에 있지 여성 차별에 있는 것이 아님에도 불구하고, 헌법

---

[*] 우리 헌법 제39조 제1항은 모든 국민은 법률이 정하는 바에 의하여 국방의 의무를 지도록 규정하면서, 헌법에 따른 법률인 병역법 제3조 제1항에서 "대한민국 국민인 남성은 헌법과 이 법에서 정하는 바에 따라 병역의무를 성실히 수행하여야 한다. 여성은 지원에 의하여 현역 및 예비역으로만 복무할 수 있다"고 규정하여, 여성에 대한 국방의무 이행에 대한 기회를 원천적·상대적으로 박탈하고 있다

[**] 미국에서는 성별에 의한 차별은 중간심사기준(strict scrutiny)을 적용하고 있으며, 미국 연방대법원은 Personal Administrator of Massachusetts et al v. Feeny, 442US256(1979) 판결에서 공무원 시험에서 군제대자에 대하여 우선적 채용을 규정한 매사추세츠주법이 남녀평등을 침해하는 것이 아니라 하여 합헌이라고 판시한 바 있다.

재판소의 결정은 이를 남녀평등의 문제, 즉 '성차별의 문제'로 환원하여 제대군인이 원천적으로 지니는 병역의무를 필한 자라는 문제의식을 너무도 쉽게 버렸다는 지적도 있다.(강경근, 2007: 24)

제대군인 공무원 할당제가 헌법에 합치하는지를 판단하기에는 아직 구체적인 안이 나오기 이전이라 결론을 내릴 단계는 아니다. 그리고 헌법재판소의 기준을 만족할 수 있는 단계에서의 섬세한 제도 마련이 선행되어야 하는 것은 말할 필요도 없을 것이다.

그러나 병역의무의 이행으로 학업 중단, 사회 진출 지연, 경제활동 중지, 육체적·정신적 고통 등 사실상의 불이익이 발생한다면 실질적 평등의 실현에 대한 국가의 좀 더 적극적인 노력이 요구된다 할 것이다. 군 가산점 제도가 폐지된 지 13년이 지나는 현 시점까지 '대안'을 찾지 못한 채, 제대군인에 대한 일방적인 희생만을 강요하고 있는 것은 타당하지 않으며, 국가 차원에서 좀 더 적극적이고 세부적으로 '사실상의 평등'을 이룰 수 있는 대안의 마련이 시급하다 할 것이다.(조규범, 2012: 3)

12) 특수임무 수행자 보상에 관한 법률

(1) 목적

이 법은 특수임무와 관련하여 국가를 위하여 특별한 희생을 한 특수임무 수행자와 그 유족에 대하여 필요한 보상을 함으로써 특수임무 수행자와 그 유족의 생활안정을 도모하고 국민화합에 이바지함을 목적으로 한다.

(2) 경과

한국 전쟁 이후 대한민국 정부는 수차례 북한에 공작원을 파견하였으나, 북한과의 관계 등 여러 가지 이유 때문에 북파공작원의 존재를 공식적으로 인정하지 않고 있다. 따라서 공작원으로 양성된 군인들은 군번도 계급도 받지 못하고 암암리에 '전사자'로 처리되어 해당 유족들에게 어떠한 보상도 주어지지 않았다. 그러나 사회 일각에서 이들에게 정당한 피해 보상을 해야 한다는 지적이 있었고, 2003년 3월에 국가인권위원회가 국회의장과 국방부장관에게 북파공작원의 실체를 인정하고 그들의 명예회복 및 보상을 규정한 특별법을 제정할 것을 권고하기도 했다. 이에 2004년 특수임무 수행자 보상에 관한 법률이 제정되고,

2007년 제17대 국회에서는 「특수임무 수행자 지원 및 단체 설립에 관한 법률」을 제정하였다.

(3) 내용

① 특수임무 수행 당사자의 보상

특수임무 수행자는 그 근무 시기, 근무 기간 및 복무 형태 등에 따른 등급에 따라 보상금을 지급 받는데, 그 지급 기준 및 지급 방법 등에 관하여 필요한 사항은 대통령령으로 정하도록 하고 있다. 특수임무를 수행한 당사자는 특별공로금을, 특수임무와 관련하여 교육훈련을 받은 자는 공로금을 지급 받을 수 있다.

② 특수임무 수행자 유족의 보상

이 법에 따라 유족은 특수임무 수행자 사망 당시의 「민법」에 의한 상속 규정에 따라 이 법에 따라 보상금 등의 지급을 받을 권리를 부여받는다. 동 법은 특수임무 수행자의 형제자매와 4촌 이내의 방계 혈족에 대하여는 대통령령이 정하는 바에 따라 지급 총액 중 일정 비율을 감하여 지급받을 수 있다. 특수임무 과정에서 사망 또는 행방불명으로 처리된 특수임무 수행자의 유족에 대하여는 특별위로금을 지급할 수 있는데, 그 지급 기준이나 방법 등에 관하여 필요한 사항은 대통령령으로 규정하고 있다. 특수임무 종결 당시 행방불명으로 처리된 특수임무 수행자의 경우에는 행방불명으로 처리된 시점의 「민법」에 의하여 상속인이 될 자를 유족으로 보고 있다.

13) 5·18민주화운동 진상규명을 위한 특별법

(1) 목적

이 법은 1980년 광주 5·18민주화운동 당시 국가권력에 의한 반민주적 또는 반인권적 행위에 따른 인권 유린과 폭력·학살·암매장 사건 등을 조사하여, 왜곡되거나 은폐된 진실을 규명함으로써 국민통합에 기여함을 목적으로 한다.

(2) 배경

5·18 민주화운동에 대해 국민의 대의기관인 국회는 1988년 청문회를 개최하여 이 운동의 원인과 성격을 규명하고, 1990년에 보상 및 명예회복을 위한 절차를 시작했으며, 1995년 5·18 민주화운동 진압 관련 책임자인 전두환, 노태우 등을 검찰에서 수사

하고 기소하여 법원에서 유죄를 판결했고, 김영삼 정부는 1997
년 민주화운동으로 정의해 국가기념일로 지정했다. 2001년 12
월에는 '광주민주유공자 예우에 관한 법률'(2003년 12월 '5·18민주
유공자 예우에 관한 법률'로 명칭 변경)을 제정해 피해자와 유족을 보
훈관리대상으로 지정했다.

(3) 대상

이번 특별법은 과거 반복된 조사에도 불구하고 아직까지 밝히
지 못한 채 넘어왔던 경험에서 교훈을 얻었다. '진상 규명 범위
(제3조)'에 조사해야 할 대상을 분명히 했다. 첫째, 5·18 기간 중
계엄군이 자행한 무차별적인 민간인 학살, 헌정 질서 파괴 행위
등 중대한 인권 침해 사건과 조작 의혹 사건 모두가 조사 대상이
다. 여기에는 진상 규명의 핵심이라고 할 수 있는 '발포 명령자'
를 비롯하여 '북한군 개입' 여부도 명시되어 있다. 둘째, 5·18 이
후 현재까지 공권력에 의해 불법적으로 저질러진 '기획적 왜곡
조작 시도'를 진상 규명 범위에 포함시켰다. 즉, 특별법에서 정
한 진상 규명 대상은 ① 5·18 당시 미확인 과제(최초 발포 책임자
및 암매장지 등) ② 5·18 이후 공권력의 기획적 왜곡 조작 시도(511

연구위원회 및 북한군 개입 여부 등)[*]로 구분할 수 있다.

14) 상훈법

(1) 목적

이 법은 대한민국 국민이나 외국인으로서 대한민국에 공로(功勞)가 뚜렷한 사람에 대한 서훈에 관한 사항을 규정함을 목적으로 한다.

(2) 내용

서훈은 서훈 대상자의 특별한 공적에 의하여 수여되는 고도의 일신 전속적 성격을 띠는 것이다. 나아가 서훈은 단순히 서훈 대상자 본인에 대한 수혜적 행위로서의 성격만을 띠는 것이 아니라, 국가에 뚜렷한 공적을 세운 사람에게 영예를 부여함으로써 국민 일반에 대하여 국가와 민족에 대한 자긍심을 높이고 국가적 가치를 통합·제시하는 행위의 성격도 띤다. 서훈의 이러한

---

* 이재의, "우리가 밝혀야 할 것들 -5·18 진상 규명을 위해", 인권수첩, 국가인권위원회, 2018. 05.

특수성으로 말미암아 상훈법은 일반적인 행정 행위와 달리 사망한 사람에 대하여도 그의 공적을 영예의 대상으로 삼아 서훈을 수여할 수 있도록 규정하고 있다. 그러나 그러한 경우에도 서훈은 어디까지나 서훈 대상자 본인의 공적과 영예를 기리기 위한 것이므로 비록 유족이라고 하더라도 제3자는 서훈수여 처분의 상대방이 될 수 없고, 망인을 대신하여 단지 사실 행위로서 훈장 등을 교부받거나 보관할 수 있는 지위에 있을 뿐이다.

15) 참전유공자 예우 및 단체 설립에 관한 법률

(1) 목적

이 법은 국가에 공헌하고 헌신한 참전유공자에게 국가가 합당한 예우와 지원을 함으로써 참전유공자의 명예를 선양하고 국민의 애국정신을 기르는 데 이바지함을 목적으로 한다.

(2) 배경

「참전유공자 예우 및 단체 설립에 관한 법률」은 한국전쟁 및 월남전 참전자들에 대한 예우와 명예선양을 위하여 1993년 12월 27일에 제정된 「참전군인 등 지원에 관한 법률」(법률 제4658호)을

개정한 것이다. 입법취지는 부상을 입지 않은 경우에도 참전유
공자로 지정하여 예우하자는 데 있었다.

(3) 내용

이 법은 모두 17조로서 목적, 정의(한국전쟁 및 참전유공자에 대한
정의), 적용대상, 국가 등의 책무(참전유공자의 명예를 선양하기 위한
사업, 참전유공자의 호국정신을 계승하기 위한 사업, 참전유공자의 복리
를 증진하기 위한 사업, 한국전쟁 참전국과의 우호증진을 위한 사업), 등
록 및 결정, 신상 변동의 신고 등, 참전명예수당, 의료지원, 양로
보호, 묘지에의 안장, 고궁 등의 이용지원, 권리의 발생시기, 사
업의 재원, 보조금, 권한의 위임 등에 관하여 규정하고 있다.

4. 나오면서

헌법상 국가는 사회, 경제적 약자들에게 자유와 평등의 삶을
보장해야 한다. 이는 헌법상 보장된 '사회적 기본권'을 통하여,
그리고 '사회국가 원리'에 근거한 '사회적 시장경제질서'를 통해
서도 인정된다. 이러한 이념에 근거한 헌법 제32조 제6항에 따

라 국가유공자·상이군경 및 전몰군경의 유가족은 법률이 정하는 바에 의하여 우선적으로 근로의 기회를 부여받는다. 이 규정의 도입 취지는 국민이 국가를 위하여 희생한 것에 대하여 보상을 하고 그들에 대한 예우 및 지원을 통하여 국민적 통합을 이루겠다는 것이다.

국가를 위한 숭고한 희생의 가치를 국가가 인정하는 것은 곧 국가 존립의 근간을 튼튼히 하는 것이며, 그러려면 희생적 애국행위에 대하여 충분한 보상이 수반되어야 한다. 그래야 국가 존립을 위한 기반과 골격이 더 튼튼해진다. 현실적인 여건을 고려해야 하겠지만, 가능하다면 최대한의 보상을 하는 것이 바람직할 것이다.

우리나라 보훈제도는 우리의 아픈 근·현대사와 함께 이루어져 왔다. 독립운동을 위해 일제에 항거하던 독립유공자에서부터 동족상잔의 비극으로 인해 빚어진 국가유공자에 대한 예우, 나아가 베트남전과 같은 대외정책으로 인해 생겨난 희생자 및 민주화를 위해 희생된 사람들에 대한 국가적 보답이자 국가의 준엄한 반성의 표시이기도 하다. 이러한 과제를 실제로 이루기 위한 법과 제도의 의미는 대단히 크다. 이 글에서도 이와 관련하여 국가유공자제도의 헌법적 의의를 평가하고, 법률에 의해 구체화된 관련 제도가 헌법의 취지에 얼마나 부합하는지 검토했다. 국민의 눈높이에 부합하면서 국가의 미래를 긍정적으로 선도할 수 있는 보훈법제를 발전적으로 정립해 가고, 더 많은 이들이 국가보훈의 의미와 정신을 체화시킬 수 있도록 보훈법에 대한 이해를 도모하는 행위는 보훈 연구를 하나의 학문으로 정착시키는 기초적인 작업이 아닐 수 없다.

국가보훈정책

: '정책'으로서의 보훈복지

황미경_ 서울기독대학교

1. 국가보훈정책과 보훈복지의 실제

1장에서 살펴보았듯이 "보훈"의 의미는 공훈, 즉 국가를 위한 희생과 공헌에 보답하는 행위이다. 보훈에는 희생과 공헌이라는 원인과 그에 대한 결과적 보상이라는 인과성의 원리가 들어가 있다. 국가를 위하여 희생하거나 공헌한 분들의 숭고한 정신에 대한 선양은 국가를 이루며 사는 국민적 의무이고 당위이다.

이러한 보훈은 이에 대한 국가와 국민의 의무를 제도화한 "국가보훈정책"으로 추진된다. 특히 "보훈"은 "복지"로 구현되며, 국가보훈정책은 "보훈복지"의 모습으로 실재한다.

국가보훈처는 보상에서 복지의 영역에 걸쳐 국가보훈을 확립하고 있으며, 84만1천여 명(2020년 12월 기준)의 국가보훈대상자에게 예우를 다하려는 보훈복지 거버넌스 전략을 펼치고 있다. 국가유공자 등의 희생과 공헌에 대한 보상의 원리에서 보훈복지의 보장으로 이어짐으로써 국민통합의 가치를 승화시키기 위해서이다.

이때의 국민통합은 국가보훈정책의 기본 이념이자 목적이기도 하다. 가령 「국가보훈기본법」 제2조에서는 "대한민국의 오늘은 국가를 위하여 희생하거나 공헌한 분들의 숭고한 정신으로 이룩된 것이므로 우리와 우리의 후손들이 그 정신을 기억하고 선양하며, 이를 정신적 토대로 삼아 국민통합과 국가 발전에 기여하는 것"으로 명시하고 있다. 이를 위해 국가보훈기본법에서는 국가와 지방자치단체는 국가보훈정책을 시행하고 국민은 그에 협조해야 한다는 책무 규정을 두고 있다. 한국에서의 보훈은 기본적으로 국가보훈정책의 이름으로 펼쳐지며, 어제와 오늘, 미래를 잇는 국민통합의 정신적 기제로 작용하고 있음을 알 수 있다.

「국가유공자 등 예우 및 지원에 관한 법률」의 목적은 "국가를 위하여 희생하거나 공헌한 국가유공자, 그 유족 또는 가족을 합당하게 예우하고 지원함으로써 이들의 생활안정과 복지향상을 도모하고 국민의 애국정신을 기르는 데에 이바지함"이다. 여기서 국가유공자 등에 합당한 예우를 한다는 것은 평생복지를 보장할 수 있는 안정된 생활 지원과 복지의 증진을 제공함을 의미한다. 또한「국가유공자 등 예우 및 지원에 관한 법률」제2조에 나타난 예우의 기본이념에서 '국가유공자의 희생과 공헌이 대대로 숭고한 애국정신의 귀감으로서 항구적으로 존중되고, 그 희생과 공헌의 정도에 상응하여 국가유공자와 그 유족의 영예로운 생활이 유지·보장되도록 실질적인 보상이 이루어져야 한다'고 명시하고 있다.

아울러「국가보훈기본법」에서는 국가보훈대상자의 품위 유지 의무 조항(제7조)도 두고 있다. 국가보훈대상자는 희생·공헌자로서의 공훈과 나라 사랑 정신이 국민의 귀감이 됨을 고려하여 국민들로부터 존경을 받을 수 있도록 품위를 유지해야 할 의무가 있다는 것이다.

2. 국민통합과 사회통합을 가져오는 보훈

국가보훈정책은 보훈 선양의 정신에 토대를 둔 보훈복지 체계를 구축함으로써 국민통합과 대한민국의 발전을 이루는 사회통합의 구심점(求心點)이 된다.

이때 국민통합은 민족통합, 공동체성의 회복, 정서적 결집과 갈등을 해소하려는 노력을 포함하고 있으며, 사회통합은 사회복지의 핵심 가치로서 보훈복지정책의 목적이 된다. 국민통합 논의에는 통일 한국을 위한 실천 과정에 일어나는 갈등과 그로 인한 현실적인 과제 해결을 위한 정치적·법적 로드맵(road map)이 포함되며(박종철 외, 2004), 보훈정책은 미래를 향한 사회통합의 상징적 기제로 작동한다.

사회통합 담론은 다양하게 전개되고 있다. 이 담론은 사회적 포용과 사회적 자본, 사회적 이동성(정해식 등, 2014; OECD, 2011) 등으로 구성되어 있고, 사회구조와 사회구성원 측면에서 연구되고 있다. 노대명(2010)은 다음의 세 가지 조건을 충족할 때 사회통합이 이루어질 수 있다고 제시했다. "사회구성원들 간에 서로 신뢰하고, 협력할 의지가 있고, 해당 사회에 대해 공동의 정체성 혹은 소속감을 공유하고, 이러한 주관적인 느낌이 객관적 행동을 통해 발현되어야 통합된 사회"가 이루어진다는 것이다.

그런데 이러한 정태적 사회통합을 위해서는 물적 조건이 주요 요소로 갖추어져야 한다. 그에 따라 사회구성원의 인식과 의식에 영향을 미치는 소득, 고용, 금융, 주거, 가족의 영역에서 빈곤, 불평등, 격차 등의 지표는 물론, 상태 및 조건, 사회포용, 사회자본, 제도 영역에 대한 지표(노대명 등, 2009; 강신욱 등, 2012; 조

병구 등, 2015) 들이 탐구되고 있다. 또한 사회구성원의 사회통합적 행태와 갈등을 해결하기 위한 갈등 관리 거버넌스(김미곤 등, 2014) 기능과 사회적 자본도 사회통합을 위한 주요 논의 주제들이다. 이를 통해 갈등을 해소해 가는 과정이 사회통합의 기조를 이룬다.

이와 관련한 국가보훈정책에서는 국가유공자 등에 대한 예우와 지원을 보상의 개념에서 평생복지제도로 발전시켜 감에 따라, 자연스럽게 보훈복지 거버넌스의 확립과 평화통일 지향의 복지거버넌스 구축의 논리를 지향한다.(황미경, 2015) 이에 어울리는 법적 근거도 이미 준비되어 있다. 가령 대한민국헌법 전문과 제4조에서는 대한민국의 통일 지향, 자유민주적 기본질서에 입각한 평화통일정책의 수립과 추진에 대해 밝히고 있고, 국가보훈기본법 제3조를 포함한 국가보훈관계 법령에서는 조국의 자주독립, 국가수호와 안전보장, 대한민국 자유민주주의의 발전, 국민의 생명과 재산 보호를 위하여 희생하거나 공헌한 분들의 정신을 바탕으로 국민통합을 이루고 국가 발전에 기여한다는 것을 기본이념으로 명시하고 있다.

3. 국가보훈정책의 원리는 무엇인가

국가보훈정책은 넓은 의미에서 보면 수급권자의 권리를 보장하는 사회보장제도이다. 보훈제도는 일종의 사회보장제도로서, 별도의 법령 체계에 의한 보상 정책에 따라 복지 서비스를 제공한다. 「국가보훈기본법」을 제정해서 국가와 지방자치단체가 국가보훈대상자의 희생과 공헌의 정도에 상응하는 예우 및 지원을 하도록 규정하고 있으며, 「국가유공자 등 예우 및 지원에 관한 법률」(제7조)에서는 보상의 원칙과 희생과 공헌의 정도에 따라 국가유공자, 그 유족 또는 가족에 대하여 생활수준과 연령 등에 따라 보상의 정도를 달리할 수 있다고 규정하고 있다. 국가유공자 등을 지원하는 정책과 법제는 「국가보훈기본법」 제3조에 근거한 국가보훈관계 법령으로 뒷받침하고 있고, 「국가보훈기본법」, 「국가유공자 등 예우 및 지원에 관한 법률」, 「참전유공자 예우 및 단체 설립에 관한 법률」, 「고엽제 후유의증 등 환자지원 및 단체 설립에 관한 법률」, 「보훈보상대상자 지원에 관한 법률」, 「국가보훈처와 그 소속기관 직제 시행규칙」, 「한국보훈복지의료공단법」, 「보훈기금법」 등을 준용하여 보훈정책의 대상과 자격 기준을 정한다.

그리고 국가보훈대상자 등에 대한 급여가 보훈보상대상자와 그 유족 및 가족에게 합당하게 지원될 수 있도록 각종 장치를 두고 있다. 신체검사를 하고 상이등급을 매기고 보상 원칙과 권리를 설명하며, 국가유공자와 유족 및 가족은 순국선열, 애국지사, 전몰군경, 전상군경, 순직군경, 공상군경, 무공수훈자, 보국수훈자, 참전유공자 등으로 구분한 뒤, 대상자별 진단에 따라 보훈급여금 등을 차등적으로 지급한다. 이와 같이 국가유공자의 희생과 공헌에 대한 예우와 지원은 반대 급부적 성격과는 구분되는 개별적 보상의 원리에 의한다.(황미경, 2015)

4. 국가보훈대상자는 누구인가

국가보훈처에서 시행하는 예우 및 보상 정책의 대상은 독립유공자, 국가유공자, 지원대상자, 보훈보상대상자, 참전유공자, 5·18민주유공자, 고엽제 후유(의)증, 특수임무유공자, 제대군인 등이 있다.

1) 독립유공자

「국가유공자 등 예우 및 지원에 관한 법률」의 표현을 중심으로 설명하면, 독립유공자는 순국선열, 애국지사로 나뉜다. 순국선열은 일제의 국권 침탈(1895) 전후로부터 1945년 8월 14일까지 국내외에서 일제의 국권 침탈을 반대하거나 독립운동을 하기 위하여 항거하다가 그 항거로 인하여 순국한 분으로서 그 공로로 건국훈장·건국포장 또는 대통령표창을 받은 분이고, 애국지사는 일제의 국권 침탈 전후로부터 1945년 8월 14일까지 국내외에서 일제의 국권 침탈을 반대하거나 독립운동을 하기 위하여 항거한 사실이 있는 분으로서 그 공로로 건국훈장·건국포장 또는 대통령표창을 받은 분이다.

2) 국가유공자

국가유공자는 전몰군경, 전상군경, 순직군경, 공상군경, 무공수훈자, 보국수훈자, 6·25참전 재일학도 의용군인, 4·19혁명 사망자, 4·19혁명 부상자, 4·19혁명 공로자, 순직공무원, 공상공무원, 국가사회 발전 특별공로 순직자·상이자 및 공로자, 전투종사군무원 등에 대한 보상 대상, 개별 법령에 의거 등록되는 국가유공자, 전투경찰대원, 경비교도대원, 의무소방대원, 향토예비군대원, 민방위대원, 공익근무요원으로 사망하거나 상이를 입으신 분, 6·18자유상이자 등으로 구분된다. 좀 더 구체적으로 살펴보면 다음과 같다.

(1) 전몰군경: '군인이나 경찰공무원으로서 전투 또는 이에 준하는 직무수행 중 상이를 입고 사망하신 분'이나 '군무원으로서 1959년 12월 31일 이전에 전투 또는 이에 준하는 직무수행 중 사망하신 분'

(2) 전상군경: '군인이나 경찰공무원으로서 전투 또는 이에 준하는 직무수행 중 상이를 입고 전역하거나 퇴직하신 분으로서 그 상이 정도가 국가보훈처장이 실시하는 신체검사에서 상이등급 1급 내지 7급으로 판정된 분'이나 '군무원으로서 1959년 12월 31일 이전에 전투 또는 이에 준하는 직무수행 중 상이를 입고 퇴직하신 분으로서 그 상이 정도가 국가보훈처장이 실시하는 신체검사에서 상이등급 1급 내지 7급으로 판정된 분'

(3) 순직군경: 군인이나 경찰·소방 공무원으로서 국가의 수호·안전보장 또는 국민의 생명·재산 보호와 직접적인 관련이 있는 직무수행이나 교육훈련 중 사망하신 분으로 질병으로 사망하

신 분을 포함

(4) 공상군경: 군인이나 경찰·소방 공무원으로서 국가의 수호·안전보장 또는 국민의 생명·재산 보호와 직접적인 관련이 있는 직무수행이나 교육훈련 중 상이를 입고 전역하거나 퇴직하신 분으로서 그 상이 정도가 국가보훈처장이 실시하는 신체검사에서 상이등급 1급 내지 7급으로 판정된 분

(5) 무공수훈자: 무공훈장(태극, 을지, 충무, 화랑, 인헌, 무공훈장)을 받으신 분으로 공무원 또는 군인 등은 전역 또는 퇴직하신 분만 해당

(6) 보국수훈자: 보국훈장(통일장, 국선장, 천수장, 삼일장, 광복장)을 받으신 분으로 군인으로서 보국훈장을 받고 전역하신 분, 군인 외의 사람으로서 간첩 체포, 무기 개발 등의 사유로 보국훈장을 받으신 분

(7) 6·25참전 재일학도 의용군인: 대한민국 국민으로서 일본국에 거주하던 분으로 1950년 6월 25일부터 1953년 7월 27일까지의 사이에 국군 또는 국제연합군에 지원 입대하여 6·25사변에 참전하고 제대된 분

(8) 4·19혁명 사망자: 1960년 4월 19일을 전후한 혁명에 참가하여 사망하신 분

(9) 4·19혁명 부상자: 1960년 4월 19일을 전후한 혁명에 참가하여 상이를 입은 분으로 그 상이 정도가 국가보훈처장이 실시하는 신체검사에서 1급 내지 7급의 상이등급에 해당하는 신체의 장애를 입은 것으로 판정된 분

(10) 4·19혁명 공로자: 1960년 4월 19일을 전후한 혁명에 참가하신 분 중 4·19혁명사망자 및 4·19혁명부상자에 해당하지 아니한 분으로 건국포장을 받은 분

(11) 순직공무원: 국가공무원법 제2조 및 지방공무원법 제2조에 규정된 공무원(군인 및 경찰공무원 제외)과 공무원연금법시행령 제2조의 적용을 받는 직원으로서 국민의 생명·재산보호와 직접적인 관련이 있는 직무수행이나 교육훈련 중 사망하신 분

(12) 공상공무원: 「국가공무원법」 제2조 및 지방공무원법 제2조에 규정된 공무원(군인 및 경찰공무원 제외)과 「공무원연금법시행령」 제2조의 적용을 받는 직원으로서 국민의 생명·재산보호와 직접적인 관련이 있는 직무수행이나 교육훈련 중 상이를 입고 퇴직한 분으로 국가보훈처장이 실시하는 신체검사에서 1급 내지 7급의 상이등급에 해당하는 신체의 장애를 입은 것으로 판정된 분

(13) 국가사회 발전 특별공로 순직자·상이자 및 공로자: 국가

사회 발전에 현저한 공이 있으신 분 중 그 공로와 관련되어 순직하신 분·상이를 입으신 분 공로자로서 국무회의에서 이 법의 적용 대상자로 의결되신 분

(14) 전투종사군무원등에 대한 보상 대상: 군사적 목적으로 외국에 파견된 군무원 또는 공무원, 정부의 승인을 얻어 종군한 기자, 구 전시근로동원법에 의하여 동원되신 분, 청년단원·향토방위대원·소방관·의용소방관·학도병 기타 애국단체원으로서 전투 또는 이에 준한 행위 등으로 사망하신 분, 상이를 입고 등록신청 이전에 그 상이로 인하여 사망하였다고 의학적으로 인정되신 분

(15) 개별 법령에 의거 등록되는 국가유공자: 전투경찰대원, 경비교도대원, 의무소방대원, 향토예비군대원, 민방위대원, 공익근무요원 등으로서 사망하거나 상이를 입으신 분

(16) 6·18자유상이자에 대한 준용: 북한의 군인 또는 군무원으로서 1950년 6월 25일부터 1953년 7월 23일까지의 사이에 국군 또는 국제연합군에 포로가 되신 분으로 일정 요건에 해당되는 분

3) 지원대상자

지원대상자는 구 '국가유공자 등 예우 및 지원에 관한 법률' (2011.9.15, 법률 제11041호로 개정되기 전의 법률) 제73조의2에 따라 같은 법에서 정하고 있는 순직군경, 공상군경, 순직공무원, 공상 공무원의 요건에 해당하는 사람으로서 그 요건에서 정한 사망 또는 상이를 입은 사람 중 불가피한 사유 없이 본인의 과실이 경합된 사유로 사망 또는 상이(1급 내지 7급)를 입어 지원대상자로 결정된 분으로 지원순직군경, 지원공상군경·지원순직공무원, 지원공상공무원 등이다.

4) 보훈보상 대상자

보훈보상 대상자는 군인이나 경찰·소방 공무원으로서 국가의 수호·안전보장 또는 국민의 생명·재산 보호와 직접적인 관련이 없는 직무수행이나 교육훈련 중 사망, 부상을 입은 분들로 재해 사망군경, 재해부상군경, 재해사망공무원, 재해부상공무원 등 이다.

5) 참전유공자

참전유공자는 6·25전쟁 등의 전투에 참전하고 전역된 군인, 병역법 또는 군인사법에 의한 현역복무 중 1964년 7월 18일부터 1973년 3월 23일까지 사이에 월남전에 참전하고 전역된 군인, 6·25전쟁에 참전하고 퇴직한 경찰공무원, 6·25전쟁 또는 월남전쟁에 참전한 사실이 있다고 국방부장관이 인정한 분, 경찰서장 등 경찰관서장의 지휘·통제를 받아 6·25전쟁에 참가한 사실이 있다고 경찰청장이 인정한 분이다.

6) 5·18민주유공자

5·18민주유공자는 5·18민주화운동 시 사망하신 분 또는 행방불명 되신 분, 5·18민주화운동으로 부상당하신 분, 그 밖의 5·18민주화운동으로 희생하신 분이다.

7) 고엽제 후유(의)증 환자 및 유족

고엽제후유(의)증 환자와 유족은 월남전 참전자, 국내 전방복무자, 고엽제 후유증 2세 환자, 유족 등이다. 첫째, 월남전 참전자는 1964년 7월 18일부터 1973년 3월 23일 사이에 월남전에 참전하여 고엽제 살포 지역에서 병역법, 군인사법 또는 군무원 인사법에 의한 군인이나 군무원으로서 복무하고 전역·퇴직하신 분과 정부의 승인을 얻어 전투나 군의 작전에 종군한 기자로서 「고엽제 후유의증 환자 지원 등에 관한 법률」제5조제1항, 제2항에 해당하는 질병이 있으신 분, 둘째, 국내 전방 복무자는 1967년 10월 9일부터 1972년 1월 31일 사이에 남방한계선 인접 지역에서 병역법, 군인사법 또는 군무원 인사법에 의한 군인이나 군무원으로서 복무하거나 고엽제 살포 업무에 참가하고 전역·퇴직하신 분으로 동 법 제5조제1항, 제2항에 해당하는 질병이 있는 분, 셋째, 고엽제 후유증 2세 환자는 사망한 고엽제 후유증 환자로 인정된 분의 자녀로서 월남전에 참전한 이후 또는 1967년 10월 9일부터 1972년 1월 31일 사이에 남방한계선 인접 지역에서 복무하거나 고엽제 살포 업무에 참가한 날 이후에 임신되어 출생한 자녀 중 법 제5조제3항에 해당하는 질병이 있으신 분, 넷째, 유족은 고엽제 후유증으로 인정되어 신체검사에서 상이등급으로 판정된 분의 유족이다.

8) 특수임무 유공자

특수임무 유공자는 특수임무 수행 또는 이와 관련한 교육훈련으로 인하여 사망, 행방불명, 부상, 공로 등이 확인된 분으로 특수임무 사망자·행방불명자, 특수임무 부상자, 특수임무 공로자 등이며 특수임무 수행 중 파견된 지역에서 체포된 분을 포함한다.

9) 제대군인

제대군인은 병역법 또는 군인사법에 의한 군복무를 마치고 전역한 퇴역, 면역 또는 상근예비역 소집해제 포함한 분, 장기복무 제대군인으로 10년 이상 현역으로 복무하고 장교, 준사관 또는 부사관으로 전역한 분, 중기복무 제대군인으로 5년 이상 10년 미만 현역으로 복무하고 장교, 준사관 또는 부사관으로 전역한 분이다.

5. 보훈복지 급여에는 어떤 것이 있나

보훈복지 급여는 국가를 위해 희생하거나 공헌한 국가유공자 또는 유족의 영예로운 생활을 돕기 위해 지급하는 보훈급여금과 수당에 의한 금전적 지원이다. 「국가유공자 등 예우 및 지원에 관한 법률」 제11조에서는 보훈급여금의 종류를 보상금, 수당, 사망일시금으로 구분한 수당제도로 규정하고 있다.

1) 보상금 및 수당

보상금 지급의 대상은 전상·공상 군경, 4·19혁명부상자·특별공로상이자, 재일학도의 용군인 및 사망자, 유족 중 선순위자 1명, 전몰·순직군경, 4·19혁명 사망자 및 특별공로 순직자의 유족 중 선순위자 1명, 대통령령으로 정하는 상이등급 이상으로 판정된 사람이 사망한 경우 그 유족 중 선순위자 1명 등이다. 보상금의 지급 수준은 통계청에서 고시하는 전국적인 가계조사통계에 의한 가계소비 지출액 등을 고려하여 국가유공자의 희생과 공헌의 정도에 상응하게 결정하도록 규정하고 있다. 수당의 유형은 생활조정수당, 간호수당, 무공영예수당, 6·25전몰군경자녀수당, 부양가족수당, 중상이 부가수당, 4·19혁명공로수당, 그 밖에 대통령령으로 정하는 수당으로서 고령수당, 2명 이상 사망수당, 전상수당 등이다.

2) 교육지원·의료지원

보훈복지정책으로 지원되는 교육지원은 보훈(가족)장학금, 대입특별전형 등이다. 국가보훈대상자 특별전형은 '특별전형대상자 증명서'를 발급하여 대학에 제출해야 하며 그 대상은 독립유공자 본인 및 배우자, 자녀와 손자녀, 국가유공자 본인 및 배우자와 자녀, 5·18 민주유공자 본인 및 배우자와 자녀, 특수임무공로자 본인 및 배우자와 자녀, 고엽제 후유의증 환자 본인과 자녀, 보훈보상대상자 본인 및 배우자와 자녀 등이다.

의료지원은 국비진료 대상인 애국지사, 전·공상 군경, 4·19혁명 부상자, 공상 공무원, 6·18자유상이자, 5·18민주화운동 부상자, 지원공상 군경, 지원공상 공무원, 재해부상 군경, 재해부상 공무원, 전상·공상·재해부상을 입고 전역한 제대군인 및 경찰, 공무원, 고엽제후유(의)증환자, 고엽제 후유증 2세 환자 등에게 보훈병원과 위탁병원 진료, 전문위탁진료, 응급진료, 통원진료를 실시한다.

3) 대부지원·생업지원·문화복지 지원

국가유공자 등에 대한 주거안정과 자립기반 조성을 위하여 직접대부, 위탁대부를 지원하여 보훈가족의 주거안정을 도모하고 자영사업 지원을 통하여 생활 향상의 계기를 마련해주고 있다. 생업 지원을 위하여 학교, 도서관, 휴게소 등의 공공장소에 매점, 자동판매기, 음료자판기, 매점 등 공유재산 사용, 수익허가 입찰 공고 등을 진행하며, 문화지원으로 놀이공원, 숙박업소, 교통편, 프로모션 등 다양한 기관, 업체와 연계하여 국가보훈대상자에게 문화복지 혜택을 주고 있다.

6. "보훈복지 평생사회안전망"의 확대

보훈복지정책의 변화는 살고 있는 집에서 다양한 부문의 돌봄 서비스를 이용할 수 있도록 제공하는 맞춤형 돌봄 서비스 체계로 확대되고 있다. 이러한 통합적 케어 모델은 한국형 커뮤니티

케어 정책으로 2018년부터 시행된 지역사회 통합돌봄 정책의 핵심적인 전략이다.

"보훈복지의료 지역사회 통합돌봄"의 개념도 마찬가지이다. 이 통합돌봄은 국가보훈대상자의 복합적인 돌봄 욕구를 포괄하여 충족시킬 수 있도록 보훈복지·보건의료 부문의 서비스를 서로 연계하고 지역 맞춤형 돌봄 서비스를 통합적으로 제공하는 평생사회 안전망(황미경, 2021)이라고 할 수 있다.

이와 관련하여 지금까지는 국가유공자와 그 가족에 대한 진료와 재활 서비스를 지원하는 보훈병원을 운영하면서 서울, 부산, 광주, 대구, 대전, 인천 등 6개 지역에서 공공의료 서비스를 제공해 왔다. 보훈복지 및 돌봄 서비스를 위해서는 치매·중풍 등의 노인성 질환을 가진 국가유공자를 위한 보훈요양원 운영, 무의·무탁한 고령의 국가유공자 및 유족과 미성년 자녀 등의 양로·양육보호를 위한 보훈원 운영, 무주택 국가유공자와 그 유족을 위한 고령자 전용 주거시설인 보훈복지타운 운영, 미망인 및 국가유공자 휴양시설인 보훈휴양원 운영 등이 중심이 되어 왔다.

그러다가 최근에 들어 지역사회 통합돌봄 사업이 전국적으로 시행됨에 따라 종전의 시설 중심 서비스를 탈피하여 보훈대상자가 사는 곳에서 생애 말기까지 삶을 영위할 수 있도록 지원하는 사회적 돌봄 체계 구축을 위해 노력하고 있다. BOVIS 제도 (Benefit of Visiting Service)라는 이름으로 진행되는 이동 보훈 서비스로는 보훈복지사, 보훈섬김이가 거동이 불편한 보훈대상자의 가정을 정기적으로 방문하여 가사 활동 및 건강관리 등을 지원하는 재가복지 서비스, 요양시설 비용 일부 및 건강과 문화 프로그램의 지원 등이 시행되고 있다. 아울러 지역사회 통합돌봄 사업의 보편화에 따라 지방자치단체에서는 방문의료, 재활, 상담, 요양, 호스피스 등의 보훈복지의료 서비스 제공을 더욱 확대하게 될 것이다.

이와 같이 '보훈복지의료 지역사회 통합돌봄' 사업을 확대해 보훈복지가 평생사회안전망으로 작동할 수 있도록 해야 한다. 이와 관련해 보훈복지의료 사업의 부문들은 국가유공자의 고령화에 따른 복합적인 욕구를 충족할 수 있는 방향으로 서로 연계되어야 하고, 보훈복지와 보훈의료 사업은 복지와 의료 부문의 간극을 좁힐 수 있도록 전문직 간 협업에 의한 통합서비스 시스템을 갖춰 나가야 한다. 보훈복지의료 통합과 맞춤형 돌봄을 위해서는 고령의 보훈대상자가 시설이 아닌 거주지에서 안정적으로 생활할 수 있도록 '에이징 인 플레이스(Aging In Place)'가 확대되어야 하고, 아울러 주거지원, 재가 보훈복지 서비스의 확대,

맞춤형 통합돌봄을 위한 부처별 서비스 연계에 의한 선택권 보장과 특화 서비스 지원을 위한 보훈복지의료 통합정보 시스템 구축(황미경·김종우, 2021)이 요청된다.

이처럼 "보훈복지 평생사회안전망"은 국가유공자가 노후에도 자신이 살고 있는 곳에서 '보훈복지의료 지역사회 통합돌봄' 정책을 기반으로 다양한 사회서비스를 이용할 수 있도록 하는 맞춤형 사회보장제도가 뒷받침될 때 비로소 구축된다고 할 수 있다.

보훈복지, 현황과 과제

윤승비_ 보훈교육연구원

1. 보훈복지, 어떻게 변해 왔나

보훈은 국가를 위해 희생한 사람의 공헌에 보답하기 위해 국가가 시행하는 사업이며, 복지는 행복한 삶을 꿈꾸는 국민을 위해 국가가 만들어 가는 사업이라는 점에서, 모두 행복한 삶의 추구라는 동일 목표를 갖고 있다.(황미경 외, 『복지로 읽는 보훈』, 2020, 13)

이러한 보훈과 복지를 한 낱말로 묶은 '보훈복지'는 국가를 위하여 희생하거나 공헌한 분들의 생활안정 및 의료·교육·직업·요양·재활 등을 지원함으로써 행복한 생활을 하도록 보답하는 일일 것이다.

국가사회복지제도가 발달되지 못했던 6·25전쟁 이후부터 국가는 원호(오늘의 보훈)제도를 통해 "국가를 위하여 공헌하거나 희생한 자와 그 유가족"을 대상으로 다양한 복지정책을 펼쳐 왔다. 보훈은 이념 및 제도와 관계없이 국가의 유지를 위한 필연적인 정책으로서, 동서양을 막론하고 국가마다 보훈대상자를 적절히 대우하기 위한 제도를 실행하고 있다.

보훈대상자에 대한 복지정책은 국가에 대한 헌신과 희생에 대하여 적절한 보상과 지원을 함으로써 영예로운 생활을 할 수 있도록 하고, 국가유공자와 그 유족에 대한 전 국민적 지지와 존경을 받도록 하는 것이다.(황미경 외, 『복지로 읽는 보훈』, 2020, 179)

근대 한국의 보훈제도는 보훈대상자에 대한 최소한도의 생계지원을 위한 '원호' 시책으로 시작되었으나, 이후 공훈선양, 민족정기, 국가통합 및 공동체 진화로 확장되어 왔다. 1961년 국립원호병원이 설립되어 상이군경들을 위한 의료지원 서비스를 진행해 오다가 1974년 종합병원으로 개편하면서 다양한 의료적 욕구를 더 충족시킬 수 있는 종합사회사업 서비스로 발전되어 왔다.

1963년 1월에 개원한 종합원호원(오늘의 보훈원)은 국가유공자 및 유족의 양로보호, 국가유공자 미성년 자녀의 양육보호 등을 수행하는 유일한 보훈복지시설이었다.

국가 사회복지가 발달되지 않았던 당시, 종합원호원은 보훈대상자를 위한 유일한 보훈복지시설이었다. 1980년대에 들어서면서, 보훈대상자의 생계안정에 대한 보상 수준이 조정되고 보상급여체계가 변화했다. 또한 일반국민에 비해 고령화률이 높은 보훈대상자에 대한 복지 지원을 확대해야 하는 실정에서 권역별로 보훈병원이 개원되었고, 1990년대에는 보훈복지타운(수원)과 보훈휴양원(충주)이 개원되어 보훈대상자의 요양생활을 할 수 있도록 지원하고 있다.

그 뒤로도 경제가 지속적으로 발전하면서 국민을 대상으로 하는 국가의 전반적인 사회보장정책은 향상되었지만, 상대적으로 보훈복지의 수준은 미약해졌다. 사회복지제도가 발전하고 인구가 고령화되면서 보훈대상자의 환경과 보훈복지 서비스도 그에 어울리게 더 변화해야 한다는 문제의식도 커졌다.(윤승비, 2021) 기존의 보훈복지정책에 안주하지 않는 새로운 보상 정책의 개편이 필요해진 것이다.

2000년대 들어서면서 노인복지정책이 수립되고, 노인보훈대상자를 위한 지역사회 자원봉사자들의 자발적인 참여로 노인보훈대상자의 일상생활에서의 불편을 덜어주는 지역 중심의 복지 서비스가 활발하게 전개되었다. 보훈처는 2005년 보훈도우미 제도를 도입하고 지역에 거주하고 있는 노인보훈대상자에 대한 본격적인 재가복지 서비스를 시작하였고, 2008년 국가장기요양보험제도의 시행과 더불어 요양시설에서의 보훈대상자를 위한 요양서비스를 확대하였다.

가장 먼저 수원을 시작으로 개원된 보훈요양원은 2021년 현재 전국 광역도시 중심으로 7개로 확장되어 보훈대상자의 요양을 지원하고 있다.

대부분 보훈대상자가 고령인 만큼 보훈복지 서비스의 수요가 증가하고 있기 때문에 국가는 보훈대상자에 대해 다양한 보상정책을 실천하고 있다.

특히, '가료보호 및 의학적·정신적 재활과 진료, 직업재활교육, 무의탁 양육·양로 보훈대상자 지원, 보훈대상자단체의 지원, 보훈복지시설의 운영, 보훈대상자 및 그 자녀의 학비 지원' 등 다양한 차원에서 지원을 확대시켰다.

산업화와 민주화를 거치면서 사회복지는 보편적인 생활문화로 자리매김하였으나, 아직도 국가의 보훈정책과 사회복지정책에는 사각지대가 있으며 그 속에서 생활고를 겪는 보훈대상자들이 다수 존재하고 있다.(윤승비, 2021)

2. 보훈대상자별 보훈복지 서비스

1) 보훈대상자에게는 어떤 서비스를 제공하나

시대적 변화와 더불어 보훈복지대상자의 환경도 변화되었고, 그 대상과 지원 범위도 달라졌다. 「국가보훈기본법」의 표현에 따르면, 보훈대상자는 "희생·공헌자와 그 유족 또는 가족으로서 국가 보훈 관계 법령의 적용 대상자가 되어 예우 및 지원을 받는 사람"*이다. 독립유공자, 국가유공자, 지원대상자, 보훈보상대상자, 참전유공자, 5.18민주유공자, 고엽제후유(의)증, 특수임무유공자, 제대군인 등이 여기에 속한다.

보훈대상자에 지원되는 복지 서비스에는 본인 및 배우자와 자녀, 손자녀의 교육과 취업, 의료, 대부사업, 국립묘지안장 등 여러 종류의 지원이 있으며, 보훈대상자의 분류에 따라 세부적으

---

* 출처:「국가유공자 등 예우 및 지원에 관한 법률」 제4조 적용대상 국가유공자의 조항에 규정된 ① 순국선열, ② 애국지사, ③ 전몰군경, ④ 전상군경, ⑤ 순직군경, ⑥ 공상군경, ⑦ 무공·보국수훈자(保國受勳者), ⑧ 6·25전쟁 참전재일학도의용군인, ⑨ 4·19혁명 사망자, ⑩ 4·19혁명 상이자, ⑪ 순직공무원, ⑫ 공상공무원, ⑬ 국가사회 발전 특별공로 순직자, ⑭ 국가사회 발전 특별공로 상이자, ⑮ 국가사회 발전 특별공로자 등이다.

로 지원되는 내용은 다르다.

먼저 독립유공자의 경우, 생활등급 10등급 이하에게는 생활조정수당이 지급되고, 독립유공자의 (손)자녀 중 보상금 비대상자로서 기초수급자, 생활조정수당 해당자에게는 생활지원금이 지급된다.* 그리고 국가유공자와 유족 중 돌봄이 필요하다고 인정되는 1~2급상이자에게는 간호수당이 지급되며, 1~7급상이자에게는 수송시설을 지원하고 있다.

참전유공자에 대해서는 변경된「참전유공자 예우 및 단체 설립에 관한 법률」에 따라 참전명예수당 및 장제보조비가 지급되며, 보훈병원과 위탁병원을 이용할 경우 치료비의 90%를 감면해주는 혜택이 있다. 이 외에도 국립호국원에 배우자와 합장할 수 있도록 지원하고 있고, 고궁 등 10종의 문화 시설 등에 대하여 이용료를 감면 해주고 있다.

특수임무 유공자의 경우에는 보훈원을 통해 양로·양육지원을 하며,** 무의탁 미성년자녀와 제매에 대해서는 양육지원을

---

* 2021년 기준으로 468천원. 기준중위소득 70% 이하 해당자에는 335천원 지급.

** 특수임무 유공자와 그 가족(자녀는 제외), 65세 이상의 남자 또는 60세 이상의 여자 중 무의탁자가 해당된다.

하고 있다.

제대군인에 대해서는 취·창업 관련 교육 및 취업 상담과 구직 지원을 하고 있다. 지원대상은 5년 이상 19년 6개월 미만 복무하고 전역한 제대군인으로서, 실업 상태의 군인연금 비대상자여야 한다. 전역 후 6개월 이내에 전직 지원금을 신청하고, 해당자로 인정되면 매월 장기복무자에게는 50만 원씩, 중기복무자에게는 25만 원씩 최장 6개월간 지급한다. 5년 이상 복무한 뒤 제대한 군인이 공공시설을 이용하고 할 때 제대군인증 및 제대군인확인원을 제출하면 사용료의 50%를 면제 받는다.

이 외에도 「제대군인 지원에 관한 법률」 제20조 및 동법 시행령 제23조에 근거하여 의료지원을 받을 수 있고, 「제대군인 지원에 관한 법률」 제19조 및 동법 시행령 제21조, 제22조에 근거하여 교육지원을 받을 수 있다.

기타 지원 대상으로 광주민주화운동 사망자 또는 행방불명자, 부상자, 희생자 및 배우자 자녀와 부모 등이 있고, 이들은 「광주민주화운동 관련자 보상 등에 관한 법률」에 의하여 보상 또는 기타 지원금을 받을 수 있다.

2) 대상구분별 지원서비스

(1) 보훈급여금

보훈급여금에는 보상금*과 생활조정수당**이 있으며, 매월 15일에 지급하는 것을 원칙으로 하나, 토요일이나 공휴일인 경우에는 그 전날에 입금된다.

〈표 1〉 2021년도 기준 보상금 월 지급액(단위: 원)

보상금	건국훈장1~3등급	건국훈장 4등급	건국훈장 5등급	건국포장	대통령표창
애국지사	6,180,000	3,290,000	2,602,000	1,864,000	1,225,000
배우자	2,738,000	2,017,000	1,642,000	1,153,000	780,000
유족	2,370,000	1,975,000	1,604,000	1,145,000	765,000
생활조정수당	가족 3인 이하 220,000~283,000				
	가족 4인 이상 273,000~336,000				

출처: 국가보훈처 나만의 예우(https://pmp.mpva.go.kr/cm/cmn/cmCmnS001.do)

---

* 보상금은 [①본인 ②배우자 ③자녀 ④손자녀(1945.8.14. 이전에 사망한 독립 유공자의 손자녀 1명/1945.8.15. 이후에 사망한 독립유공자의 유족으로 최초 등록 당시 자녀까지 모두 사망한 경우이거나 생존 자녀가 있었으나 보상금을 지급받지 못하고 사망한 경우 1명 ⑤며느리(1945.8.14. 이전에 구호적에 기재된 분)]까지만 승계 지급한다.

** 생활조정수당은 생활이 매우 곤란한 분께만 지급되며, 신청에 의한 생활 수준 조사를 거쳐 선정되며 매월 15일에 보상금에 가산하여 지급한다.

(2) 교육지원

독립유공자, 자녀, 손자녀의 교육을 지원하고 있으며, 보훈지청으로부터 교육청에 교육지원 대상자로 통보된 교육비 지원대상자는 별도 절차 없이 배정받은 학교에 내는 등록금이 면제된다. 교육지원비에는 학습보조비, 대학수업료, 등록금 등이 있다.

〈표 2〉 등록금 및 학점에 대한 면제 분류

2년제 대학	3년제 대학	4년제 대학	5년제 대학	6년제 대학
4학기	6학기	8학기	10학기	12학기

- 일부 대학교의 등록금(입학금, 수업료) 면제기간

구분	2년제	3년제	4년제
면제학점	84학점 이하	126학점 이하	168학점 이하

출처: 국가보훈처 나만의 예우(https://pmp.mpva.go.kr/cm/cmn/cmCmnS001.do)

(3) 취업지원

순국선열과 그 유족의 직업교육 훈련과 취업을 지원해 주는 제도로, 취업을 원하는 대상자와 유족이 취업 시에는 가점(10% 또는 5%)을 부여하고 있다. 또한 공공직업훈련기관에서 직업훈련을 받으면 국가유공자 본인은 총 3백만 원(연간 1,000,000원), 유·가족은 총 1백5십 원(연간 500,000원)의 수강료를 지원받으며,

월 4만 원의 장려금도 지급받게 된다.

(4) 의료지원

국가유공자 본인과 그 유족을 위해 진료(비용의 90%) 및 약제비(비용의 60%) 등을 국비로 지원하고 있다. 또한 거동이 불편한 애국지사의 활동을 보조하기 위해 보훈병원 보장구 센터에서는 전동 휠체어, 수동 휠체어, 욕창 방석 등의 서비스를 무료로 지원하고 있다. 현재 전국에서 운영하고 있는 7개의 보훈병원과 지정된 위탁병원에서 국비 진료를 받을 수 있으며, 생활이 매우 곤란한 가구에 대해 1종 의료급여 혜택을 받을 수 있도록 지원함으로써 국가유공자의 병원비 부담을 덜어주고 있다.

(5) 차량지원 및 교통지원

통합복지 카드를 소지하고 있는 애국지사에게 보철용 차량과 고속도로 통행료를 지원하고 있는 서비스이며(〈표 3〉), 수도권, 부산, 대구, 울산, 광주광역시 등 광역시 지하철·시내버스의 무임 교통카드 기능을 포함하여 대중교통 이용에 편리함을 제공하고 있다. 또한 〈표 4〉에서와 같이 철도·버스·여객기·여객선 등 다양한 교통시설 이용에 대한 지원을 하고 있으며, 유족에게는 국내선 항공기 이용시 발생하는 비용의 30%를 할인해 주고 있다.

<표 3> LPG 세액보조금 서비스 이용시 주의사항

애국지사께서 이용하시는 LPG 차량에 대하여 세금 인상액을 지원하는 것
※ 본인만 사용해야 함(리터당 220원 할인 / 월 300리터 한도 내 사용 가능)
※ 유공자 사망, 세대 분리, 해외 체류, 차량 매각 등 부당사용이 확인될 경우 LPG보조금 정지, LPG 할인기능 정지 및 부당사용금액 환수(1회 : 3개월~1년 / 2회 : 2년 / 3회 : 3년 / 4회 이상 : 5년)

출처: 국가보훈처 나만의 예우(https://pmp.mpva.go.kr/cm/cmn/cmCmnS001.do)

<표 4> 교통지원 범위

수송시설	이용방법	지원내용	감면율
기차	• 매표창구에 독립유공자증 제시 → 승차권 교부 • 코레일·SR홈페이지 및 휴대폰앱 이용 가능	• KTX, SRT 등 전 차종 이용가능 • 보호자 1인 포함 • 연간 무임 6회(승차일 기준), 50%할인(무제한) • 특실 제외	무임 6회 50% 할인 (무제한)
지하철	• 복지카드 사용(수도권, 부산, 대구, 대전, 광주, 충남지역/ 단 지역간 호환 불가) • 무인 발권기에 독립유공자증을 접촉시켜 1회용 우대권 발급(보증금 500원 필요)	• 보호자 1인 포함	무임
공항철도	• 복지카드 사용 • 매표창구에 독립유공자증 제시 → 승차권 교부	• 보호자 1인 포함 • 직통열차는 제외	무임
시내버스	• 복지카드 사용(수도권, 부산, 대구, 대전, 울산, 광주/ 단 지역간 호환 불가) • 수송시설용 국가유공자증서 (골드색) 제시 • 좌석, 직행좌석,광역급행, 마을버스 제외	• 광역, 좌석, 마을버스 제외 • 보호자 1인 포함	무임

시외버스	• 매표창구에 수송시설용 국가 유공자증서(골드색) 제시 * 우등시외버스 할인가능, 프리미엄버스 할인제외	• 시외버스 70% 할인 • 농어촌버스 무임 • 보호자 1인 포함	70% 할인
고속버스	• 매표창구에 수송시설용 국가 유공자증서(골드색) 제시	• 보호자 1인 포함 * 프리미엄 고속버스 제외	50% 할인
내항여객선	• 매표창구에 승선이용권과 독립유공자증을 제시	• 육지 거주자 연 6회 • 도서 거주자 연 12회 • 보호자 1인 포함 • 승선이용권은 보훈(지)청에서 발급 → 방문·우편·전화 신청	무임
국제여객선	• 매표창구에 독립유공자증 제시	• 한국 ↔ 중국 및 일본간 일부 선박회사 • 한국에서 발권한 승선권에 한정함 • 일부 노선의 경우 선사별 차이	객실요금 20% 할인
국내여객선	• 매표창구에 독립유공자(유족)증을 제시	• 대한항공, 아시아나 • 동반가족 1인 포함(애국지사만)	50% 할인 (애국지사)
	• 매표창구에 독립유공자(유족)증을 제시	* 저가항공사(제주항공, 이스타항공 등) 할인율 별도 확인 필요	30% 할인 (수권유족)

(6) 대부지원

국가유공자가 아파트 분양, 임대 등 특별공급*을 받거나, 주택·농토 구입을 하는 경우에는 '나라 사랑 대출창구'를 통해 연 1.3%~2.3%의 연이율로 대출을 지원받을 수 있으며, 대부금으로

---

* 아파트 특별공급에 관한 규칙 제2조에 따라 신청 자격이 있는 지급대상자에게 지원하고 있다. 매년 1월 초에 주소지 관할 보훈청에 신청하면 배점 기준에 따라 당해 연도 우선순위를 결정하여 추천 순서가 정해지고 있다.

부동산을 취득하는 경우에는 취득세 등의 감면 혜택이 있다.

또한 국가유공자 본인 또는 배우자가 사업장을 운영하는 경우, 사업 또는 창업 대부자금을 지원하고 있으며, 재해복구, 의료비, 경조비, 보철 차량 구입 등 가계자금이 필요한 경우에는 생활안정대부금을 지원하고 있다.(《표 5》)

<표 5> 대부종류 및 조건

구분	대부한도액	연이율	상환기간	담보조건
아파트 분양	4,000~8,000원	연1.3%	20년균	분양아파트 (후 취담보시 부동산, 보훈급여금, 연대보증인)
주택구입(신축)	4,000~8,000만원	연1.3%	20년균등	구입(신축)주택
주택임차	1,500~4,000만원	연1.3%	7년균등	부동산·보훈급여금·보증보험
주택계량	800만원	연2.3%	7년균등	부동산·보훈급여금
농토구입	3,000만원	연2.3%	3년거치 10년균등	구입농토
사업(창업)	2,000만원	연2.3%	7년균등	부동산·보훈급여금·보증보험
생활안정(보철 용 차량 구입시)	300만원 (1,000만원)	연1.3%	3년균등	부동산·보훈급여금·보증보험·연대보증인

출처: 국가보훈처 나만의 예우(https://pmp.mpva.go.kr/cm/cmn/cmCmnS001.do)

(7) 복지지원

보훈대상자의 가사 활동 및 정서 지원을 위해 보훈섬김이가 가정을 방문하여 맞춤형 서비스를 제공하며, 혼자서 생활할 수 없는 고령의 보훈대상자의 생활과 수발을 위해 노인요양시설인 '보훈요양원'을 운영하고 있다. 또한 부양할 사람이 없는 보훈대상자에 대해서는 보훈원과 보훈복지타운에서 생활하도록 지원하고 있다.

(8) 사망시 예우

고인의 공훈을 기리고 유족의 자긍심을 고취하기 위하여 지원하는 제도이며, 국립묘지 안장, 영구용 태극기 및 대통령 명의의 근조기를 증정하고 있다. 또한 배우자 합장을 지원하고, 선산 등에 안장했는데 묘비를 세우고 싶은 경우에 묘비 제작비를 지원해 주며, 생활이 어려운 국가유공자에게 장례 서비스를 지원하고 있다.

(9) 특별지원

광복 이후 사망한 독립유공자의 선순위 자녀 1인에게 매월 보상금 지급 기준일인 15일에 4십만 원의 가계지원비를 지급하는 제도이다. 또한 독립유공자에게 지원되는 제수비는 독립유공자의 기일이 속한 달 1일에 3십만 원을 지급하고 있다. 이 외에도 독립유공자 자녀 및 손자녀에게 생활지원금[*]을 지급하고 있다.

〈표 6〉 특별예우금 지급금액

예우금	건국훈장 1~3등급	건국훈장 4등급	건국훈장 5등급	건국포장	대통령표창
금액	2,325,000	1,920,000	1,725,000	1,575,000	1,575,000

출처: 국가보훈처 나만의 예우(https://pmp.mpva.go.kr/cm/cmn/cmCmnS001.do)

(10) 기타 지원

천재지변·화재 등으로 재산 및 인명 피해를 입은 대상에게 해당 여부를 확인한 후 재해 위로금을 지급하고 있다. 그리고 보훈대상자의 휴식과 치유를 위해 보훈휴양원을 운영하고 있으며, 콘도 협약을 통해 건강과 문화생활을 여유롭게 누릴 수 있도록 하고 있다.

---

*   기초생활수급자(생계급여, 의료급여에 한함), 생활조정수당지급자: 월 478,000원, 소득·재산이 기준중위소득 70% 이하, 기초연금수급자(단독 또는 부부세대에 한함): 월 345,000원을 지급하고 있다.

3) 고령자 보훈대상자에게는 어떤 서비스가 제공되는가?

세계적으로 유례없이 급속한 초고령사회(2026년에는 만 65세 이상 인구가 전체인구 대비 26% 예측)로 진입하고 있는 한국은 노인 인구의 지속적인 증가로 노인복지 분야에 대한 사회적 차원의 복지지원도 증대되고 있다.

특히, 일반 국민 중 공적연금의 사각지대에 머물러 있어 노후 준비가 부족한 저소득층 노인에게 지원하는 기초연금제도가 운영되고 있다. 또한 노인성 질병 등의 사유로 혼자서 일상생활을 수행하는 데 어려움을 겪는 노인들을 위한 '장기요양보험제도'를 운영함으로써, 보호자와 대상자가 제도 내에서 받고자 하는 서비스를 원하는 곳에서 받을 수 있도록 하는 지원 서비스가 확대되었다.

이러한 장기요양보험제도는 고령의 보훈대상자를 위해 설립된 보훈요양원에서 주간보호 서비스 및 장기요양 서비스 형태로 제공되며, 이동보훈복지 서비스와 돌봄 서비스 등으로도 제공되고 있다. 좀 더 세부적으로는, 노인성 질환 및 상처 등으로 거동이 불편한 보훈대상자의 가정을 보훈복지 인력(보훈복지사, 보훈섬김이)이 정기적으로 방문해 가사활동·건강관리 등을 지원하는 재가복지 서비스를 비롯하여, 요양시설 이용에 따른 본인부담금의 일부를 지원하는 요양지원, 건강·문화 프로그램 등 다양한 노후복지 정책의 형태로 구현되고 있다.[*]

현재 국가보훈처의 보훈복지 서비스 지원에 관계되는 인력으로는 재가보훈복지대상자를 위한 서비스 지원 계획을 수립하고 작성하고 관련 기록을 유지하는 '보훈복지사'와 보훈대상자에 재가복지 서비스를 제공하고 노화와 질병, 장애 및 보훈복지 환경 등의 상황을 기록하여 보고하는 '보훈섬김이'가 있다. 그리고 이동보훈복지 서비스 지원을 위한 차량운전 및 관리, 노인의료용품 전달 및 목욕보조 등의 이동보훈복지 서비스를 지원하고 있는 '보비스 요원'이 있다.

보훈섬김이가 지원할 수 없거나 전문기관의 재가복지 서비스 지원이 필요한 이들에게는 보훈대상자가 거주하는 지역의 사회복지시설 및 자원봉사단체 등과 연계하여 맞춤형 서비스를 지원하고 있다.

특히 치매·중풍, 노인성 또는 만성질환 등으로 장기요양이 필요하거나 가족들이 수발하기 어려워 인근 복지시설을 이용해야

---

[*]   출처: 국가보훈처(https://www.mpva.go.kr/mpva/contents.do?key=149)

하는 경우에는 주간보호 또는 단기보호 등의 서비스와 연계하여 지원을 받을 수 있다. 거동이 불편하거나 노인성 질병으로 인해 타인의 도움을 필요로 하는 고령의 보훈대상자를 위해 보훈요양원이 전국 7개 지역(수원, 광주, 대전, 대구, 김해, 남양주, 원주 등)에서 운영되고 있으며, 2021년에는 여덟 번째 보훈요양원이 전주에서 개원 준비를 하고 있다.

현재 7개 지역에서 운영되고 있는 보훈요양원의 시설규모(1개 시설 기준)는 장기요양 200명, 주간보호 25명 수준으로, 치매, 중풍 등 중증 노인성 질환을 가진 국가유공자를 돌보고 있다. 보훈요양원의 주요시설은 요양실(1인실, 2인식, 4인실 등), 일광욕실, 프로그램실, 물리치료실, 작업치료실, 어린이집(유치원) 등으로 이루어져 있다.

보훈요양원에서는 「노인장기요양보험법」 등 관련 규정에 의거하여 만 65세 이상자와 65세 미만자 중 노인성 질병을 가진 자로서, 국민건강보험공단 지사별 장기요양등급판정위원회로부터 요양등급판정*을 받은 대상자에게 보훈복지 서비스를 제

---

* 장기요양보호등급 1급~3급(서비스 기준은 30일 기준), 주간보호등급 3급~5급으로(서비스 기준은 20일 기준) 분류되어 있다.

공하며, 입소자는 고령의 보훈대상자와 일반 노인 일부를 포함하고 있다.

<표 7> 장기요양 입소 현황(2020.7.31 기준)

구 분	계	수원	광주	김해	대구	대전	남양주
국가유공자	445	82	44	69	57	73	120
유족 등	607	91	140	108	117	91	60
계	1,052	173	184	177	174	164	180
구 분	계	수원	광주	김해	대구	대전	남양주
국가유공자	18	3	1	3	1	5	5
유족 등	101	13	15	12	22	27	12
계	119	16	16	15	23	32	17

보훈원은 혼자서 생활할 수는 있으나, 타인에 의해 보호받아야만 되는 무의·무탁 노령 국가유공자 및 유족과 미성년 자녀의 양로·양육 보호를 위해 운영되고 있다.

보훈원에서는 의식주 및 생필품을 제공하며, 의료보호, 취미 생활, 종교 활동 등을 지원하고 있다. 또한 사망시에는 국립묘지 및 공단묘지(창훈묘원)에 안장되도록 지원하고, 유족과 자녀의 대학 졸업시까지 교육 및 직장을 알선해주고 있다.

국가를 위해 희생과 공헌을 하신 분들 중에 거주할 마땅한 곳이 없는 무주택 고령의 국가유공자와 그 유족을 위해, 실버타운과 같은 개념의 보훈복지타운에 전용 주거시설을 마련하고 안정된 생활을 할 수 있도록 지원하고 있다.

입주 자격은 만 60세 이상 고령의 국가유공자와 그 유족으로 부양의무자가 없는 무주택자, 또는 부양의무자가 있으나 부양 능력이 없는 경우, 보훈(지)청장이 인정하는 대상자 중 혼자서 생활할 수 있는 사람이다. 주거시설은 아파트 7개동에 452세대로 구성되어 있으며, 식당, 목욕탕, 슈퍼마켓, 건강상담실, 시청각교육실, 취미교실, 빨래방, 체력단련실 등의 부대시설을 두고 있다.

이 외에도 휴양시설인 보훈휴양원은 콘도형 숙박시설 60실(200명 이용가능)과 기타 부대시설을 갖추고 있는데, 여기에서는 미망인 및 국가유공자가 휴식과 심신의 안정을 취할 수 있도록 복지 서비스를 지원하고 있다. 잔여 객실이 있을 경우에는 일반인도 이용할 수 있다.

국가보훈처는 기존의 이동 보훈팀과 노후복지 기능을 통합하여 노후 복지대상자에 대한 복지 서비스 지원을 확대하였다.

현재 노후복지 서비스 제공 대상과 지원 범위가 연차적으로 확대되고 있으며, 보훈복지 인프라를 확대하고, 지역사회 민·관의 복지 네트워크를 튼튼히 구축하여 고령의 보훈대상자와 그 유가족 등 많은 보훈가족들이 복지 서비스를 지원받을 수 있도록 하고 있다.

또한 여가 선용 활동으로 노인 세대의 건강한 노후생활을 영위하도록 하기 위해, 지역단위 상이군경복지회관이나 보훈회관 및 사회복지관 등을 통하여 건강·문화교실 등 다양한 프로그램을 지원하고 있다.

그리고 고령으로 거동이 불편하거나 보훈 관서와 멀리 떨어진 지역에 거주하는 국가보훈대상자를 위해 각 보훈 관서에서 보훈 공무원으로 편성된 37개의 이동보훈복지팀이 전국 125개 지역을 정기적으로 방문하여, 각종 보훈민원업무 상담을 접수·처리하고, 이동보훈 복지 지원 등 현장민원 서비스를 제공하고 있다.

3. 수요자 중심의 보훈복지를 위해

국가보훈처에서는 고령의 보훈대상자가 증가하고 있는 상황에 대처하고, 고령의 보훈대상자의 삶이 좀 더 평안할 수 있도록 지원하기 위해 5년마다 종합계획을 수립하고 실천해 가고 있다.

종합계획은 「국가보훈기본법」에서 정하는 기본이념과 나라 사랑 정신을 계승하는 국가와 국민의 책무를 다하기 위하여, 보훈대상자에 대한 예우와 지원, 그리고 국가보훈의 문화 창달을 위해 제정한 실천적 지침이다. 변화하는 시대의 흐름에 맞추어, 보훈복지사업과 실천 방법에서 보훈대상자가 가장 필요로 하고, 가장 선호하는 것이 무엇인가를 찾아내어 그에 맞는 서비스를 지원하는 것이 중요하다.

특히 보훈복지대상자에 대한 보훈복지 서비스는 교육과 여가, 의료와 재활, 시설과 재가, 취업지원 등의 지원 분야에서 더 다양하고 특별하게 이루어져야 한다는 요구가 커지고 있다. 보훈복지 서비스 대상자별 맞춤형 보훈복지 서비스를 제공하기 위한 정책이 더 현실에 적합하게, 그리고 합리적으로 지원되도록 해야 하는 것이다.

그러기 위해서는 사업별 추가 예산과 중복되는 예산에 대하여 사용 계획과 집행 예산의 단점을 보완하고, 적절하고 합리적인 전달 지원 체계를 통해 보훈대상자가 느끼는 예우와 보상에 대한 체감도가 높아지도록 해야 한다. 그리고 먼저 보훈복지 전달 체계에서 보훈복지 서비스를 구체적으로 추진하고 실천하기 위해 필요한 자원 조달 및 서비스 지원 조직 체계를 마련하여 서비스 지원에 필요한 인력, 시설이나 기기, 재원, 지식과 정보 등의 자원들을 조합하고 실행해야 한다.

또한 다양하게 구성된 중앙·지방·전문가집단·기업 등의 공급 주체들이 공공성과 자발성이라는 원칙을 가지고 직접행정·위탁 행정 등의 형식으로 행해지는 복지 서비스도 원활하게 운영되어야 한다. 대체로 지역사회에서는 시민참여를 통하여 지역에 거주하는 보훈대상자에 대한 보훈복지 서비스를 제공하고 있다.

보훈복지정책의 효과는 사실상 보훈대상자에게 수급되는 다양한 복지 서비스에 대하여 보훈복지대상자가 얼마만큼 만족하느냐에 따라 결정된다고 볼 수 있다.

무엇보다 기존의 보훈 서비스 대상자는 이미 고령화되었고, 군인과 경찰 등의 복무 기간 중에 부상으로 인해 보호와 치료가 필요한 대상자가 신규 보훈대상자에 유입되고 있는 중이다. 이에 따라 보훈복지 대상자가 젊은 연령대에서 증가하고 있는 만큼 보훈대상자의 연령과 그룹별 변화의 추이에 주목할 필요가 있다.

이처럼 보훈복지 대상자의 환경 변화에 주목하고 변화의 다양성과 특성을 조사하여 변화에 대응이 가능한 보훈복지 실천 계획을 수립해야 한다.

먼저, 보훈복지 대상자의 고령화가 갈수록 심화되어 요양보호 서비스와 재가복지 서비스 등의 보훈복지 서비스의 수요도 급증하였으므로, 고령의 보훈대상자를 위한 정책과 실천 방법을 지속적으로 모색해야 한다. 고령의 보훈복지대상자를 위해서는 예방적 차원의 건강관리와 생활지원 서비스가 필요하며, 수요에 따른 맞춤형 수급지원을 실시하는 것이 바람직하다.

다음으로, 젊은 보훈복지 대상자들에게서는 재활 및 사회 복귀 욕구가 증대하고 있기 때문에 그에 맞는 맞춤형 보훈복지 서비스를 지원해야 한다. 신체와 정신의 재활, 취업 교육 등의 서비스가 무엇보다도 필요하다고 할 수 있다.

그리고 보훈복지 급여 체계에서 형평성과 적정성의 원칙에 따른 보상급여 지급이 필수적이며, 보훈대상자의 건강 재활을 위한 지속적인 서비스 지원과 보훈대상자의 복지 수요에 부응하는 실제적이고 든든한 보훈복지 서비스가 전달되도록 하는 것이 중요하다. 보훈복지 대상자가 요구하는 서비스의 지원을 위해서는 수요자 중심으로 실천의 방향을 전환해야 하고, 관련 기관은 가능한 한 민첩하게 방향 전환을 할 수 있어야 하며, 일반 사회복지 서비스에 비해 양적으로나 질적으로나 더 수준 높은 서비스가 제공되도록 해야 한다.

이때 보훈복지 대상자의 공헌과 희생을 기억하고 예우하는 차원에서 진행하는 것이 가장 기본적인 자세인 것은 더 말할 나위가 없다. 일반 사회복지 실천 서비스에 좀 더 특별한 예우와 보상을 부가함으로써 보훈대상자의 노후의 삶이 영예롭고 평안할 수 있도록, 보훈대상자의 특성에 부합하는 복지 서비스가 제공되어야 하는 것은 물론이다.

아울러 복지의 현장에서 일하는 이들이 자발적이고 능동적으로 일할 수 있도록 처우를 개선하는 등 적극적인 동기 부여 정책이 필요하다. 현재 보훈복지 실천 서비스를 제공하는 국가와 민간기관의 운영 현황을 재검토하고, 국가를 위하여 헌신한 보훈대상자의 명예와 사기를 높이도록 예우하면서 정책을 공정하게 집행하고, 합리적인 보훈복지 보상 체계를 정립하여 보훈정책이 주도하고자 하는 복지지원 및 서비스가 온전하게 이루어지도록 해야 한다.

보훈의료

정태영_ 보훈교육연구원

1. 들어가며

 건강(健康)은 동서고금을 막론하고 전 세계 모든 사람들이 추구하는 최고의 가치이자 목표이다. 경제협력개발기구(Organization for Economic Cooperation and Development, 이하 OECD)의 '더 나은 삶의 질' 지수(Better Life Index), '캐나다의 행복지수'(Canadian Index of Well-being), 우리나라의 '국민 삶의 질' 종합지수 등에서 사람들의 삶의 질을 측정할 때 한결같이 건강을 포함하고 있다는 것은 그리 놀랄 일이 아니다. 건강(Health)이라는 말은 '완전한(whole)'을 의미하는 고대영어에서 파생된 개념이지만, 개인의 성향과 이들이 처한 상황에 따라 그 정의와 관점은 다양하다. 이 점은 건강의 의미 자체가 모호하고 개념도 다의적이라는 사실을 말해 준다.

 국립국어원의 표준국어대사전에서 정의하는 건강의 개념은

다음과 같다: "정신적으로나 육체적으로 아무 탈이 없고 튼튼함. 또는 그런 상태." 더욱 보편적으로 사용되는 세계보건기구(World Health Organization, 이하 WHO)의 건강의 정의는 다음과 같다: "건강이란 단순히 질병이 없거나 허약하지 않다는 것을 말하는 것이 아니라 신체적, 정신적, 사회적 안녕이 완전한 상태."*

WHO의 정의는 신체, 정신적인 영역에서 더 나아가 사회적 건강까지 내포하고 있으며, 이는 건강의 복합적인 성격과 전인적인 관점이 반영된 정의라고 볼 수 있다. 다양한 관점과 경로가 상존하고 있어 논란의 여지는 있지만, WHO의 정의 중 사회적 안녕이 완전한 상태란 개인이 사회구성원으로서 각자에게 주어진 역할과 임무를 충실히 수행할 수 있는 상태를 의미한다. 즉, 건강은 개인의 신체, 정신적인 영역에서부터 사회적인 영역을 포괄하는 개념이며, 결과이면서 동시에 과정이라고도 볼 수 있다.

더 중요한 점은 건강을 누리는 것은 인권, 즉 인간의 권리이며, 국가는 인간이 그 권리를 제대로 누릴 수 있도록 책임져야

---

* Health is a state of complete physical, mental and social well-being and not merely the absence of disease or infirmity.

한다는 것이다. 1948년 국제연합(UN)은 국가가 의식주에 앞서 건강권을 인간의 기본권으로 책임져야 한다는 "인권에 관한 세계 선언"을 발표하였다. WHO에서도 건강에 대한 정부의 책임을 다음과 같이 명시하고 있다: "정부는 국민의 건강에 대한 책임이 있으며, 이는 적절한 보건정책과 사회적 조치로서 달성될 수 있다."* 우리나라의 헌법 제36조 3항에서도 '모든 국민은 보건에 관하여 국가의 보호를 받는다.'고 명시하고 있다.

의료보장(health security)은 위와 같은 맥락에서 국가가 국민들의 건강을 보장하기 위해 만든 체계이다. 여기서 보장(Security)은 Se(=without: ~로부터 해방되어)와 Cura(=care: 걱정 혹은 근심)가 결합된 용어이다. 즉, 국민들이 질병, 부상, 노령, 장애, 출산 등 삶의 연장선에서 겪게 되는 건강과 관련된 걱정과 근심을 해소시켜 주는 행위를 말한다. 의료보장은 소득보장과 함께 사회보장의 큰 축을 담당하며, 질병으로 인한 위험으로부터 국민들의 최저생활 보장이라는 중요한 역할을 수행한다.

의료보장의 또 다른 기능은 위험 분산을 통해 사회 공동체의

---

* Governments have a responsibility for the health of their peoples which can be fulfilled only by the provision of adequate health and social measures

연대감을 이루는 것이다. 의료보장의 핵심 요소 중 하나인 사회보험(예. 건강보험)은 보험료의 공동 갹출과 공동 사용이라는 보험의 원리인 위험분산(risk diffusion) 기능을 통해 개개인이 처한 질병으로부터의 위험에 공동 대처함으로써 피보험자 간의 연대를 이루어 준다. 즉, 개인이 처한 실제의 위험을 평균위험으로 분산시켜 사회공동체가 개인의 위험을 함께 대처해 준다는 것이다.(정태영 등, 2020)

이런 맥락에서 보훈대상자를 위한 의료보장 행위도 이루어지고 있으며, 이는 보훈 세출 예산의 약 10%를 차지할 정도로, 보훈보상금과 함께 보훈제도의 근간이자 핵심적 정책수단이다. 보훈의료보장은 단순한 현상의 치료가 아니라 신체적·정신적 재활 치료를 통하여 신체 기능을 개선하고 재활 의지와 능력을 촉진함으로써 가정과 사회 내에서 건강한 삶을 영위하도록 하는 데 목적이 있다.(김종성, 2005) 보훈의료는 '국가를 위해 희생한 사람들을 끝까지 책임진다.'는 국가보훈정책의 핵심 수단이며, 사회 전반이 아픈 사회에서 건강한 사회로의 복원력을 내포하고 있다는 데 중요한 의의가 있다. 즉, 국가를 위해 희생·공헌한 보훈대상자들이 처한 건강 문제에 따른 위험과 불안함을 사회 공동체가 함께 아파해 주고 공감해 줌으로써, 보훈대상자의 몸과 마음 그리고 사회 전체의 건강을 지향하는 행위이다. 보훈의료 역시 사회의 안녕 상태를 만들어 가는 과정인 것이다.

이 글에서는 함께 사는 우리 사회를 더욱 공고하게 다져주는 역할을 수행하는 보훈의료의 현황과 제도의 변천, 그리고 보훈의료를 둘러싼 환경 변화를 살펴보고, 향후 보훈의료가 어떠한 정책적 과제를 안고 있는지 살펴보고자 한다.

2. 보훈의료 개관

1) 보훈대상자의 건강 상태

「국가보훈기본법」에 따르면 보운은 "국가를 위하여 희생하거나 공헌한 사람의 숭고한 정신을 선양하고 그와 그 유족 또는 가족의 영예로운 삶을 도모하며 나아가 국민의 나라 사랑 정신 함양에 이바지함을 목적"으로 한다. 또한 국가보훈대상자(이하 '보훈대상자')란 "희생·공헌자와 그 유족 또는 가족으로서 국가보훈 관계 법령의 적용 대상자가 되어 예우 및 지원을 받는 사람"을 말한다.* 보훈대상자는 독립유공자, 50년대 전몰·전상군경, 60년대 재일학도의용군인, 4·19 관련자, 70-80년대 순직·공상공무원, 무공·보국순훈자, 국가사회 발전 특별 공로자, 90년대 고엽제 후유(의)증 해당자 등으로 그 범위와 수가 확대되어 왔다. 보훈대상자는 1962년 약 15만 명에서 2018년 약 85만 명으로 증가하였다.

국가보훈처에 따르면, 2018년 기준 보훈대상자의 평균 연령은 71세이며, 이중 65세 이상의 고령 보훈대상자는 전체의 약 85%를 차지한다. 고령인구는 다른 연령층에 비해 유병률이 높으며, 보훈대상자들의 경우 복합적인 만성질환자가 증가하는 경향이 있다. 그만큼 이들의 전신건강에 대한 문제는 우리 사회의 중요한 현안으로 대두되고 있다.(손경복 외, 2015;김병조, 2020)

「보훈대상자생활실태조사」(2018)에 따르면, 응답자의 약 49.3%는 통증/불편감이 있다고 응답했으며, 일상 활동에 지장이 있다는 응답자가 29.9%로 나타났다. 특히, 조사 대상의 약

---

* 희생·공헌자는 ① 일제로부터의 조국의 자주독립 ② 국가의 수호 또는 안전 보장 ③ 대한민국 자유민주주의의 발전 ④ 국민의 생명 또는 재산의 보호 등 공무수행 중 어느 하나에 해당하는 목적을 위하여 특별히 희생하거나 공헌한 사람을 의미한다.

71.1%는 만성질환을 앓고 있는 것으로 나타났다. 실제로 보훈대상자들의 다빈도 상병을 살펴보면, 입원 환자의 경우는 협심증, 당뇨병 환자가, 외래 환자의 경우는 전립선비대증, 고혈압* 등의 만성질환을 앓는 환자가 많았다. 그 외 백내장, 무릎관절증 등의 노인성질환과 치은염 등 구강건강 문제 그리고 폐, 간, 위 등에 악성신생물 등에 의한 중증질환도 많이 앓고 있는 것으로 나타났다.(《한국보훈복지의료공단》 내부자료)

　　보훈대상자의 정신건강 상태를 보면, 일상생활에서 스트레스를 느낀다는 응답이 전체 응답자의 82.3%로서 일반인의 54.4%보다 높았다.(국가보훈대상자생활실태조사, 2018) 성인 우울 척도(Center for Epidemiologic Studies Depression Scale, CES-D)를 활용하여 보훈대상자의 우울증을 분석한 결과 응답자의 51.6%가 우울 위험군 또는 고위험군에 속하는 것으로 나타났으며, 80대 이상 고연령인 경우 우울 위험군 또는 고위험군 비율은 66.4%로 매우 높게 나타나 정신건강에 취약한 상태임을 알 수 있다.

----

* 　이차성 고혈압처럼 신장, 동맥, 심장 및 내분비계에 영향으로 발생하는 고혈압이 아니라 명확한 근본적인 의학적 원인이 없는 고혈압으로 전체 고혈압의 약 90%를 차지한다.

2) 보훈의료제도의 변천

이상에서 통계자료만 간략하게 봐도 고령의 보훈대상자들의 전반적인 건강상태는 좋지 못한 것을 알 수 있다. 이 절에서는 보훈대상자의 다양한 건강 욕구를 충족시키는 기초를 다지기 위해 보훈의료정책의 변천 과정을 살펴보고자 한다.

우리나라의 국가보훈정책은 1961년 「군사원호청 설치법」 공표와 함께 군사원호청을 창설(1961.8.5.)하면서 본격적으로 추진되었다. 그 후 1962년 군사원호청은 원호처로 승격 개편되었으며, 1984년에 원호처를 현재의 국가보훈처로 개칭하여 오늘에 이른다. 국가보훈정책은 국가의 독립, 수호, 발전을 위해 희생한 사람들의 숭고한 행위에 감사하고 그 공훈을 기리기 위한 정책을 의미한다. 국가보훈정책의 근간이 되는 법령은 1984년에 제정된 「국가유공자 등 예우 및 지원에 관한 법률」이며, 이후 2005년에 제정된 「국가보훈기본법」이 정책의 근간이 되고 있다.

「국가보훈기본법」의 주요 내용에 따르면, '국가보훈처장은 관계 중앙행정기관의 장과의 협의 및 국가보훈위원회의 심의를 거쳐 국가보훈 발전 기본계획을 5년마다 수립·확정하고 국가보훈 발전의 기본목표 및 추진방향, 국가보훈 관련 재원의 조달 및 운용에 관한 사항 등을 포함'시키도록 하고 있다.(제8조) 국가보훈의 비전과 전략을 담은 국가보훈 발전 기본계획은 5년 단위로 수립되고 있으며, 수립할 당시의 보훈정책 주요내용이 잘 반영되어 있다(〈표 1〉).

〈표 1〉 국가보훈 발전 기본계획 내용

구분	주요내용
1차(2006-2010)	• 국민이 공감하는 미래지향적 보훈체계 확립 • **수준 높은 보훈의료·복지체계 구축** • 국민과 함께 나라 사랑 정신 확산 • 보훈정책 추진체계의 혁신
2차(2009-2013)	• 보훈체계 선진화 • **보훈의료·복지체계 합리화** • 나라 사랑 정신 고양 • 제대군인의 원활한 사회복귀 지원 • 범국가적 호국보훈사업 추진체계 마련(2010년 12월 추가)

3차(2014-2018)	• 보훈 문화창달
	  - 국가유공자 보상 및 예우강화
	  - **국가유공자 의료·요양 등 복지 확대**
	  - 제대군인 사회복귀 지원
	  - UN 참전국과의 보훈외교 강화
	  - 경찰·소방공무원에 대한 예우 및 지원 강화
	• 국민 애국심 향상

4차(2018-2022)	• 국가유공자의 명예를 높이는 예우정책 • 공정하고 합리적인 보훈보상체계 • **언제 어디서나 든든한 보훈·의료복지** • 나라 위한 정신을 기억하고 계승 • 안보현장에서 헌신한 분들에 대한 지원

출처: 국가보훈처, 2017, 국가보훈 발전 기본계획 2018-2022를 일부 편집

보훈정책 중 가장 핵심적인 수단은 국가에서 보훈대상자들에게 양질의 의료 서비스를 제공함으로써, 국가를 위해 희생하는 과정에서 직·간접적으로 얻게 된 신체, 정신적 질병과 후유증을 극복하고 건강한 삶을 영위할 수 있도록 보장하여 주는 보훈의료정책이다. 보훈의료와 관련된 국가보훈 발전 기본계획은 1차(수준 높은 보훈의료 복지체계 구축), 2차(보훈의료 복지체계 합리화), 3차(의료요양 등 복지 확대)에 걸쳐 수립되고 집행되어 왔다. 현재 제4차(2018~2022)에서는 '언제 어디서나 든든한 보훈의료복지'를 표방하고 있다. 즉, 의료와 복지의 접근성과 보장성을 강화하겠다는 것이다.

우리나라 보훈대상자에 대한 의료적 지원은 1953년 상이자, 애국지사의 상이처(복무수행이나 교육훈련 중에 직·간접적으로 입은 부상이나 질병)에 대한 국비 진료에서 시작되었다. 60년대에는 상이자, 애국지사의 응급·통원, 반공포로상이자에 대한 국비진료가, 70년대에는 상이 1-2급 질환에 대한 국비진료 확대, 공상공무원에 대한 국비진료가 실시되었다. 1986년에는 제주 지역 위탁병원을 처음으로 운영하였다. 90년대에는 참전군인, 제대군인 30% 감면진료, 유가족 60% 감면진료를 포함해, 고엽제환자에 대한 국비진료를 실시하였다. 2000년대에는 상이 7급 국비

진료, 5·18광주민주화운동 부상자 국비진료와 유가족 60% 감면 진료, 참전유공자 감면율 확대(50%에서 60%로), 특수임무 수행자 및 유가족 감면 진료(60%), 장기복무 제대군인 지원 대상을 20년에서 10년 이상으로 확대하는 등 보훈의료제도는 지속적으로 그 대상과 보장 범위를 넓혀 왔다.

최근에도 참전유공자의 보훈병원 및 위탁병원의 감면 비율은 지속적으로 확대되어 왔다. 2005년부터 2017년까지는 60%의 감면, 2018년 이후 90%까지 감면되어 왔으며, 향후 감면비율은 100%까지 확대될 수 있다. 또한 위탁병원 진료비(?) 감면대상(참전유공자 및 유족)을 위해 약제비를 지원하고, 위탁병원 감면대상 지원연령을 현행 75세에서 70세 혹은 65세 정도까지 하향 조정하면서, 보훈의료 지원을 현재보다 더 강화해 나갈 것으로 보인다.

3) 보훈의료 현황

국내 보훈의료 지원은 6·25전쟁이 발발한 1950년 이후 상이군경에 대한 보상을 위해 1961년 군사원호청이 발족하면서 발전의 기틀이 마련되었다. 이후 보훈대상자의 의료 접근성 강화를 위해 서울, 부산, 광주, 대구, 대전, 인천에 6개의 보훈병원을 설립하였다. 그리고 2021년 5월 1일 기준 전국적으로 총 421개의 위탁병원을 지정·운영함으로써, 전국적인 보훈의료망을 구축하고 있다.

최근 10년 간(2009~2018) 보훈병원과 위탁병원을 이용한 보훈대상자의 총 진료 인원을 살펴보면 2009년 6,221천명에서 2018년 8,332천명으로 증가하였다. 2018년 현재 보훈병원 국비 진료인원은 2,899천명, 감면 진료인원은 1,373천명, 그리고 위탁병원 국비 진료인원은 4,060천명이다.(〈표 2〉)

〈표 2〉 보훈병원 및 위탁병원 진료인원(단위: 천명)

구분	2009	2010	2011	2012	2013	2014	2015	2016	2017	2018
의료지원실적 (실인원)	6,221	6,838	7,233	7,634	8,045	8,390	8,080	8,422	8,432	8,332
보훈병원 (국비진료)	2,429	2,461	2,558	2,676	2,739	2,841	2,901	2,960	2,933	2,899
위탁병원 (국비진료)	2,744	3,428	3,681	3,877	4,150	4,286	3,980	4,221	4,244	4,060
보훈병원 (감면진료)	1,048	949	994	1,081	1,156	1,263	1,199	1,241	1,255	1,373

출처: e나라지표

보훈의료 지원금액은 2009년 4,863억 원에서 2019년 8,018억 원으로 연평균 5.0% 증가하였다. 2019년 현재 보훈의료 진료비

는 보훈병원 국비와 감면을 합하여 5,474억원(68%), 위탁병원(국
비) 2,544억원(32%)으로 구성되어 있다.(〈표 3〉)

〈표 3〉 의료비용 연도별 세부내용(단위: 억 원)

구분	2009	2010	2011	2012	2013	2014	2015	2016	2017	2018	2019
의료지원 실적(금액)	4,863	5,003	5,280	5,667	5,924	6,254	6,433	6,847	7,096	7,454	8,018
보훈병원 (국비진료)	2,747	2,737	2,908	3,274	3,517	3,675	3,839	4,103	4,216	4,297	4,464
위탁병원 (국비진료)	1,664	1,833	1,911	1,885	1,888	2,024	2,020	2,131	2,231	2,291	2,544
보훈병원 (감면진료)	452	433	461	508	519	555	574	613	649	866	1,010

출처: e-나라지표

이 밖에 보훈체육재활 센터를 운영함으로써, 장애가 있는 보
훈대상자를 위한 진단, 치료, 생활지도와 훈련을 실시하여 조속
한 사회 복귀를 지원하고 있다. 중앙보훈병원 보장구 센터에서
는 보훈대상자가 사용할 의수, 의족 등 각종 보장구 제작, 지급
및 수리를 지원 중이다. 또한 군인·경찰·공무원으로서 직무수
행 중 상이(장애)를 입은 자의 상이등급 분류 신체검사(국가유공
자), 장애등급구분 신체검사(고엽제) 등의 검진 업무를 실시하고
있다.(정태영, 2020)

3. 보훈의료의 과제와 미래

1) 보훈의료의 환경 변화

현 보훈의료를 둘러싼 주요 환경 변화는 크게 인구 고령화, 4차산업과 디지털 헬스의 도래, 코로나19 대유행과 비대면 의료의 부상, 의료소비자주의의 대두, 의료 전달 체계 개선과 공공의료 강화 등이 있다.

먼저 고령화는 사회 전반의 큰 변화를 야기하고 있다. 우리나라는 지난 2000년 전체 인구 중 65세 이상 노인이 차지하는 비중이 7%를 넘어서면서 '고령화사회'에 진입*하였다. 2018년에는 그비중이 14%를 넘어 '고령사회'로 변모하였으며, 이러한 추세가 지속될 경우 2026년에 '초고령사회'가 될 것으로 예상된다.(통계청) 고령화는 국민의료비 증가와 의료 체계의 지속가능성을 위협하는 주요 요인들 중 하나이며, 만성질환을 포함한 노인성 질

---

* 세계보건기구(WHO)에서는 65세이상 인구가 전체 인구에서 차지하는 비율이 7% 이상이면 고령화 사회(aging society), 14% 이상이면 고령사회(aged society), 20%를 넘으면 초고령사회(super-aged society)로 구분하고 있다.

환의 발병률을 증가시켜 노인들의 삶의 질을 저하시킨다. 만성 질환은 적절한 관리를 통해 예방을 한다면 추후에 의료적 치료로 인한 큰 비용을 절감할 수 있다는 특징이 있다.(Asaria et al., 2007) 2018년 기준 우리나라 만성질환 진료비는 31조 1,259억 원으로 건강보험 총 진료비 77조 9,104억 원의 약 39.9%에 달하고 있으나, 노인성 만성질환의 수가 10% 감소하게 되면, 약 6천 억 원에서 1조 원의 의료비가 절감될 것으로 예상된다. 이에 의료 패러다임은 질병의 치료수술 중심의 사후적인 개념에서 사전 예측과 예방 중심으로 변모하는 중이다.(김대진, 2017)

또 다른 환경변화는 바로 4차 산업 시대의 도래이다. 4차 산업이란 2016년 다보스포럼에서 처음 언급된 단어로, 정보통신기술(ICT) 기반의 신산업 시대를 의미한다. 최근 ICBMA(IoT, Cloud, Big ata, Mobile, AI)의 기술 발전에 힘입어 우리 사회 전반의 변화는 가속화되고 있으며, 보훈의료도 예외가 아니다. 4차 산업 시대 속에서 의료의 가장 큰 변화는 디지털 헬스의 모습으로 나타나고 있다. 디지털 헬스란 사람의 생체신호를 바탕으로 개인 건강기기(PHD, Personal Health Device), 개인 건강앱(PHA, Personal Health Application), 개인 건강정보(PHI, Personal Health Information) 플랫폼을 활용하여 개인 건강관리 및 맞춤형 의료 서비스를 제공하는 형태로 구성된다.

주요 사례를 보면 미국은 2018년부터 2028년까지 국방부 의료정보 시스템과 상호호환 가능한 EHR(Electronic Health Record)을 구축함으로써 보훈대상자(Veterans)의 병력 관련 자료를 공유하고, 미 전역에서 언제 어디서나 의료 서비스를 제공할 계획이다(U.S. Department of Veterans Affairs, 2020). 미국의 PhoneDOCTORx은 양로원과 실버타운에 거주하는 경증 노인 환자를 대상으로 하는 원격진료로, 전문 의료팀이 가족상담, 직원교육, 임상 및 영상 검사 분석, 간이 약물처방 등의 서비스를 제공하고 있으며, 50%의 응급환자 감소 효과를 보였다.(정태영, 2020) 노스큐브(Northcube) 사에서 개발한 슬립 싸이클 알람시계 (Sleep Cycle alarm clock)는 스마트폰 가속도계와 마이크를 이용하여 수면 시 사용자의 뒤척임을 모니터링하는 제품이다. 본 제품은 거동이 불편한 환자나 치매환자의 신속한 응급 상황을 대비할 수 있다는 장점이 있다. 국내의 경우 4차 산업의 핵심인 빅데이터를 활용하여 유방 병변의 특성과 환자의 최종 진단을 지원하는 데 활용되는 삼성메디슨의 S-Detector+Deep Learning가 있다. 향후 디지털 헬스는 질병예방, 건강관리, 질병진단 및 치료, 환자관리 등 다양한 영역에서 적용될 것으로 전망된다.

다음은 코로나19 대유행과 의료 제공 방식의 변화이다. 코로나 대유행에 따라 비대면 의료에 대한 관심이 증대되고 있다. 세계적인 컨설팅사 딜로이트에 따르면, 원격의료 이용자가 2019년 15%에서 코로나19 대유행 후 28%까지 높아졌고, 응답자의 약 80%가 코로나19 이후에도 원격진료를 이용하겠다고 응답하였다. 특히 미 보훈부의 영상 의료상담 서비스 이용자는 코로나19 이전에는 주당 10,000명 정도였다가 코로나 대유행 이후에는 주당 120,000명으로 급증하였다.(딜로이트, 2020) 또한 대한병원협회에 따르면 조사대상자들은 코로나19 이후 방문을 회피하는 장소 1위로 '의료기관(20.5%)'을 꼽았다. 동시에 "비대면 의료 서비스"의 필요성에 대해서는 조사대상의 약 70.4%가 긍정적으로 평가하는 등 의료 서비스 이용 방식에 인식의 변화가 일어나고 있다. 이에 정부에서도 보건소 모바일 헬스케어와 화상연계 방문건강관리 등 스마트 의료 돌봄 인프라의 확대와 비대면 서비스 산업 육성을 골자로 하는 디지털 뉴딜을 추진 중이다. 비대면 의료는 안전진료를 표방하는 디지털 뉴딜 하에서 불필요한 환자 간 접촉을 최소화하고 격리된 상태에서 의료 서비스를 제공할 수 있다. 또한 의료접근성이 취약한 곳의 고령자와 거동이 불편한 장애인 등을 대상으로 건강관리 서비스를 제공할 수 있다는 장점이 있다. 향후 코로나19 등의 신종 감염병에 대한 대응의 일환으로 의료 제공 방식도 과거의 집중형·오프라인·대면 중심에서 분산형·온라인·비대면으로 무게중심이 옮겨질 것으로 보인다.

다음으로 의료기관 간 경쟁의 심화도 고려해야할 중요한 변화이다. 국내 요양기관의 총수는 최근 10년간(2008-2018) 지속적으로 증가했다. 종합병원은 2008년 268개소에서 2018년 302개소로, 병원은 2008년 1,088개소에서 2018년 1,471개소로 증가하였다.(건강보험심사평가원) 진료비 심사 실적을 보면 2008년에는 상급종합병원 5조3,289억 원(24.4%), 종합병원 5조3,242억 원(24.4%), 병원(요양병원 제외) 2조9,183억 원(13.4%), 의원 8조2,469억 원(37.8%)이 지출된 것으로 나타났다. 이후 2018년에는 상급종합병원 14조669억 원(28.9%), 종합병원 12조6,390억 원(26.0%), 병원(요양병원 제외) 6조8,519억 원(14.1%), 의원 15조1,291억 원(31.1%)으로 나타났으며, 동 기간 의원은 진료비 심사 실적이 37.8%에서 31.1%로 6.7% 감소하였지만 상급종합병원은 24.4%에서 28.9%로 4.5% 증가하였다.(《표 4》)

<表 4> 연도별 종별 진료비심사실적(단위: 억 원)

구분	2008	2009	2010	2011	2012	2013	2014	2015	2016	2017	2018
상급 종합병원	53,289	62,624	71,091	72,501	76,225	80,642	85,649	91,596	109,331	113,231	140,669
종합병원	53,242	56,616	65,194	68,440	71,509	77,171	83,378	88,644	101,084	111,237	126,390
병원(요양 병원제외)	29,183	34,919	40,083	43,561	48,153	50,363	51,931	55,264	58,786	61,903	68,519
의원	82,469	89,900	95,547	99,646	104,855	106,742	113,134	117,916	126,477	137,111	151,291

출처: 2019. 진료비심사실적. 건강보험심사평가원

한편, 2000년대 이후 정보통신기술의 발달에 따라 소비자들은 인터넷을 통해 의료문제에 대한 지식과 정보를 쉽게 얻으면서 자신들의 진료문제 결정에 적극적으로 참여하려는 경향을 보이고 있다.(한달선, 2005) 한국소비자원(2014)이 소비생활의 중요도를 평가하기 위해 13개 분야 중 3개를 중복 응답하게 한 결과 식생활(24.6%), 주생활(16.4%)에 이어 의료가 12.7%로 나타났다. 한국인은 소비생활 지표 중에서 상대적으로 의료 서비스를 중시하고 있다는 뜻이다.

이처럼 건강에 대한 관심과 욕구가 증대되고 권리 의식이 향상됨에 따라 의료 영역에서도 소비자주의(Consumerism)가 대두하고 있다. 특히, 의료기관의 양적 증가*로 병원 선택의 폭이 넓어지면서 더욱더 활발하게 의료기관 정보를 탐색하는 스마트 환자들(Smart patients)이 증가하고 있다. 스마트 환자들의 출현은 보훈병원의 품질 향상과 환자 만족도 제고를 요구하는 중요한 환경 변화 중 하나이다. 건강보험심사평가원에서도 2022년 의료 질 평가 영역에 환자 경험을 시범지표로 사용할 계획에 있다. 의료 영역도 공급자인 의료인 중심에서 소비자인 환자 중심으로 변모하고 있는 것이다.

　다음은 의료 전달 체계 개선의 움직임이다. 의료 전달 체계는 "가용 의료자원을 좀 더 효율적으로 활용함으로써 필요할 때에 적시에, 적절한 의료기관에서, 적합한 의료인에게, 적정 서비스를 받을 수 있도록 제도화하는 것이다.(유승흠, 1988) 즉, 적정 의료자원을 활용하여 생산된 의료 서비스가 공급자에서 수요자에게 효율적이고 접근성 있게 제공되도록 하는 연결 구조라고 볼 수 있다. 현재 우리나라의 의료 전달 체계는 유명무실한 진료의

---

* 　우리나라 총 요양기관의 수는 최근 10년 간(2008-2018) 지속적으로 증가해왔다. 종합병원은 2008년 268곳에서 2018년 302곳으로 늘었고, 병원은 2008년 1088곳에서 2018년 1471곳으로 증가하였다(건강보험심사평가원)

료제도와 회송, 대형병원으로의 환자 집중 등을 초래하는 등 비효율을 초래하고 있다. 실제로 의료기관별 외래 내원 일수 증가율(2008-2018)을 보면 상급종합병원은 66% 증가하였으나, 의원은 14% 증가에 그쳤다. 이는 결국 환자들이 제공받는 의료 서비스의 질 하락을 초래할 수 있다. 경증이나 만성질환자들의 경우는 지역사회에서 지속적이고 포괄적으로 관리하는 것이 중요하지만, 대형병원에서는 처방 위주의 진료를 하게 되어 그 치료 효과가 저하된다. 그리고 암 등 중증환자의 경우에는 길어지는 대기시간과 짧은 진료로 인해 치료와 수술의 적기를 놓칠 수 있다. 이에 보건복지부(이하 복지부)는 의료기관 기능 재정립을 통해 의료체계의 효율성 강화를 추진하고 있다. 즉, 상급종합병원 지정 시 중증환자 비율을 상향하고 경증환자 비율을 하향하는 한편 수가보상 또한 중증환자를 인상하고 경증환자는 인하할 계획이다. 상급종합병원의 명칭을 중증종합병원으로 변경하려는 정책적 움직임도 있다.

마지막으로 코로나19 등 신종감염병으로 인한 공중보건 위기에 선제적으로 대응하기 위해 공공의료를 강화하려는 정책적 변화이다. 2019년 12월 말 기준 공공의료기관은 전체 의료기관의 약 5.5%인 221개소이고, 공공병상 수는 61,779병상으로 전체의

9.6%에 불과하며, 이마저도 지역별 편차가 크다. 시도별 공공병상의 비율을 보면 2019년 말 제주도가 32.1%로 전국 지자체 중 가장 높고, 부산이 6.0%, 인천이 4.5%로 공공병상 비율이 타 시도에 비해 낮다.

공공의료 취약으로 인한 문제는 크게 네 가지로 볼 수 있다. 첫째, 의료기관의 분포가 수직적(1·2·3차 의료기관)이고 수평적(지역적 분포)인 차원에서 균형을 이루지 못한다는 것이다. 둘째, 이로 인해 의료기관 간 기능 중복과 비효율적인 경쟁, 그리고 필수의료 서비스 제공 및 지역 간 의료 서비스 질 격차가 크게 발생한다는 것이다. 셋째, 행위별 수가제라는 지불제도와 함께 민간 중심의 의료공급이 과잉 및 과소 진료를 유발하고 있으며, 넷째 국가적 재난·재해·응급상황에서 효과적으로 대처할 수 있는 안전망이 취약하다는 것이다.(건강보험연구원, 2020)

이에 복지부는 감염병 전담병동 5개소, 긴급음압병실 20개소를 확충함으로써 감염병에 안전한 공공의료 인프라를 확대할 계획이다. 또한, 병원 내 스마트 전자의무기록(Electronic Health Records, EHR) 설치, 스마트 기반 진료 정보 교류 체계 구축, 원격협진, 중환자실 연계 및 자원 관리가 가능한 스마트 공공병원으로의 전면 전환을 통해 공공의료의 품질 향상을 추진 중이다. 여기에는 국립중앙의료원 - 국립대병원 - 지역책임병원(지방의료원 +민간병원) - 보건소 등 공공의료기관 간 역할 정립 및 연계를 통해 좀 더 효율적인 공공의료 체계를 마련하는 것도 포함된다.

2) 보훈의료의 주요 과제와 나아갈 길

앞 절에서 보훈의료의 현황과 보훈의료를 둘러싼 주요 환경 변화들을 개괄적으로 살펴보았다. 이제부터는 보훈의료의 발전과 지속가능성을 도모하기 위해서 어떠한 노력이 필요한지 논의하고 향후 고민해야 할 지점과 방향을 제시하고자 한다.

첫째, 대다수가 만성질환을 앓고 있는 고령의 보훈대상자를 위해 현 보훈의료 전달 체계를 더욱 효율적으로 개선할 필요가 있다. OECD(2012)는 우리나라의 의료 서비스의 질 향상을 위한 주요 과제로 일차의료 역량 강화를 기반으로 한 질병 예방과 만성질환 관리를 최우선으로 제시하였다. 일차의료는 건강을 위하여 가장 먼저 대하는 보건의료를 말하며, 환자의 가족과 지역사회를 잘 알고 있는 주치의가 환자-의사 관계를 지속하면서, 보건의료 자원을 모으고 알맞게 조정하여 주민에게 흔한 건강문제들을 해결하는 분야이다.(김유일 외, 2013) 일차의료는 인구집단이 의료 전달 체계 내에서 최초로 접하는 의료이며, 전체 의료 요구의 75~85%를 해결하고 있다. 또한 의료 전달 체계의 문지기 역할을 통해 환자들에게 합리적인 선택을 유도하고 불필요한 의료 이용을 억제하여 국민의료비 절감에 기여할 수 있다. 일본의 경우 대학병원 등에서는 외래 진료를 하지 않고 고도 의료에 전념하고, 외래 및 건강 상담 등은 지역 내의 의원과 주치의를 중심으로 이루어지도록 의료 제공 체계의 역할 및 기능 분화를 도모하고 있다.

한국의 보훈의료 전달 체계도 의료 자원을 효율적으로 활용할 수 있도록 1차 위탁병의원-2차 보훈병원-3차 중앙보훈병원의 진료 협력과 기능별 활성화를 도모할 필요가 있다. 이를 통해 대다수의 보훈대상자가 앓고 있는 만성질환을 의원급 위탁병원에서 효과적으로 관리하며, 중앙보훈병원에서는 1차와 2차급에서 조절 또는 완치가 안 되는 중증질환에 더욱 집중할 수 있는 구조가 마련되어야 한다.

한편, 보훈대상자가 만족할 수 있는 보훈의료 전달 체계가 확립되기 위해서는 고려해야 할 사항이 많다. 우선 충분한 논의가 필요하기는 하지만, 보훈대상자들을 위한 보훈의료 전달 체계의 문지기(Gatekeeper) 역할을 하면서 일차의료를 제공할 수 있는 주치의의 도입이 첫 번째 고려사항이다. 두 번째 고려사항은 거동이 불편하거나 복합 만성질환을 앓고 있는 고령의 보훈대상자들은 진료과가 다양하게 설치되어 있어 한 번에 진료를 받을 수 있는 병원급을 선호하는 경향이 있다는 사실이다. 이러한 측면들은 보훈의료 전달 체계 개선 과정에서 면밀하게 짚고 넘어가야 할 과제이다.

둘째, 4차 산업 시대에 맞춰 보훈의료의 디지털 전환(Digital Transition)을 지속해 나가야 한다. 미국 보훈부(Department of Veterans Affairs, VA)는 이미 원격진료를 허용하고 있으며, 보훈대상자들이 언제 어디서든 본인의 건강을 체크하고 다양한 설명과 상담을 받을 수 있다. 2015년도에만 미 전역에서 약 68만 명의 보훈대상자들이 213만 건의 원격의료 상담을 받은 것으로 나타났다.[*]

우리나라도 2020년 1월 데이터 3법[**]이 개정되면서 데이터 이용 활성화를 위한 법적 기반이 조성되고 있다. 특히, 디지털 뉴

---

[*] 미국 보훈부 홈페이지(https://www.va.gov)
[**] 데이터 이용을 활성화하는 「개인정보 보호법」, 「정보통신망 이용촉진 및 정보보호 등에 관한 법률(약칭: 정보통신망법)」, 「신용정보의 이용 및 보호에 관한 법률(약칭: 신용정보법)」 등 세 가지 법률의 통칭.

딜을 포함한 뉴딜 정책의 시행(7.14)은 디지털 전환의 큰 계기를 만들어 주고 있다. 한국보훈복지의료공단에서는 요양정보 시스템 재구축(~2021년), 정보공유 플랫폼 구축(~2022년) 그리고 병원 정보 시스템 재구축(~2023년)을 추진 중이다. 중앙보훈병원은 공공병원 최초로 '왓슨 포 온콜로지(Watson for Oncology)'를 도입하여 인공지능 암 센터를 개소하였으며, 향후 인공지능 진단 시스템인 '닥터앤서(Dr. Answer)'를 도입하려는 계획도 있다. 빅데이터를 활용한 디지털 헬스는 질병예방, 건강관리, 질병진단 및 치료, 환자관리 등 그 적용 범위가 넓지만 아직 제도적, 이용자, 사생활 보호 등 여전히 다양한 제약이 있다. 현재, 우리나라는 의료법 제17조 제1항의 직접 관찰 규정 등으로 인해 원격진료가 위법이며, 의사 등 의료 공급자들은 디지털 헬스를 이용한 진단의 신뢰성에 대해 우려하고 있다. 디지털 문화에 취약한 노인들의 디지털 기기 접근성도 중요한 문제이며, 특히 사생활 보호는 디지털 헬스의 적용·확산에 있어서 아주 중요한 고려 사항이다. 현재, 복지부는 코로나19의 유행에 따라 전화만으로 진단과 처방을 받는 원격의료를 한시적으로 허용하였다. 한국보훈복지의료공단에서도 현재 (수원)보훈원과 중앙보훈병원을 연결한 원격진료 시범사업을 수행 중이다.

이처럼 다양한 디지털 헬스 적용 범위를 반영한 다양한 시범 사업을 시행하고 그 효과를 분석함으로써, 보훈의료 분야에서도 제도적 변화를 이끌어 내야 한다. 또한 이러한 디지털 전환은 보훈의료 전달 체계 개선과 함께 추진되어야 한다. 여전히 거동이 불편한 고령의 보훈대상자들은 다양한 진료과가 설치된 병원에서 한 번에 진료를 받는 것을 선호하고 있으므로 디지털 헬스를 통해 언제 어디서나 원격상담 등 비대면 의료를 받을 수 있는 시스템이 구축될 필요가 있다. 의료 접근성을 높이기 위해 위탁병원의 수를 계속적으로 증가시키는 것은 현실적으로 불가능하므로 이를 시스템을 통해 보완해 나가야 한다는 것이다.

셋째, 좀 더 전인적인 보훈의료가 제공되어야 한다. 정신건강이 악화된 상태에서는 삶의 질이 높아질 수 없기 때문에, 정신건강은 보훈대상자의 건강한 삶에 필수적인 요인이다. 정신건강과 신체건강은 서로 독립되어 있지 않으며, 정신적, 신체적, 사회적 기능은 상호의존적이다. WHO는 정신건강을 "한 개인이 자신의 능력을 실현하고 일상적인 삶의 스트레스에 대처하고 생산적으로 일할 수 있으며 그가 속한 지역 사회에 기여할 수 있는 안녕 상태"라고 하였다. 즉, 정신건강은 개인 및 지역사회의 안녕과 효과적인 기능 수행의 토대라고 볼 수 있다. 미국은 1989년 국립외상후스트레스장애센터(National Center for PTSD)[*]을 설립하였으며, 무료로 제대군인에게 정신건강 서비스를 제공하고 있다. 2010년 기준 보훈 분야의 정신건강 서비스 인력을 2만 명 수준으로 확대하였으며, 오바마 행정부에서는 PTSD(외상 후 스트레스 장애, post-traumatic stress disorder)를 앓는 참전용사가 그 원인이 참전임을 스스로 증명할 필요가 없도록 보상과 지원 절차를 대폭 간소화하였다. 이는 보훈대상자를 위한 정신건강의 중요성을 단적으로 보여주는 사례이다.

최근 국가보훈처에서도 2018년부터 보훈대상자를 위한 심리상담지원 프로그램을 운영하고 있으나, 조사 대상의 22%만이 이용 의향이 있다고 응답하는 등 아직 서비스 수준과 홍보가 미흡한 실정이다. 좀 더 적극적인 개입이 요구되는 상황이다. 현재 심리치료, 정신건강증진 교육 지원, 상담 및 치료 방법 연구·개발 등을 포함한 보훈대상자의 심리재활 서비스 지원에 관한 사항을 신설하는 입법예고가 진행 중이다. 향후 제도적 뒷받침과 함께 보훈대상자의 정신적 건강을 향상시킬 수 있는 좀 더 다양한 정신보건 프로그램이 개발·제공되기를 기대한다. 보훈 영역

---

* https://www.ptsd.va.gov

에서의 정신건강 서비스는 고령층과 거동이 불편한 수요자의 특성을 반영하여 직접 찾아가는 방문 형식의 좀 더 적극적인 서비스 제공이 우선적으로 고려될 필요가 있다.

넷째, 의료기관 간 경쟁의 심화 속에서 대두한 의료소비자주의에 대응하기 위해 보훈의료의 질 향상을 끊임없이 추구해야 한다. 의료소비자들은 의료기관 정보 탐색 시 의료의 질적 요인(병원의 평판/브랜드, 의사의 진료능력과 경험, 전문의 여부 등)을 가장 많이 탐색하는 것으로 나타났으며, 의료의 질을 많이 탐색한 의료소비자들의 의료기관 탐색 성과도 더 높은 것으로 나타났다.(정태영 등, 2013) 한국인은 국가 운영 병원이 민간 종합병원에 비해 시설과 서비스 면에서 뒤쳐진다고 생각하는 경향이 있다. 보훈병원에 대해서도 그런 선입견이 있다. 이것은 보훈에 대한 일반적 이미지가 의료 분야에 반영되어 나타나는 현상으로 보인다. 한국의 보훈 및 보훈의료가 일반 국민에게 더 다가서려면 실제로 의료의 질을 높이고 이미지를 바꾸는 작업을 지속적으로 기울여야 한다는 뜻이다.

이에 비해 미국에서는 민간병원보다 높은 서비스의 질과 고객 만족도를 가진 병원이 보훈병원(Veterans Affair Hospital, 이하 VA병원)이다. 미국소비자만족지수(ACSI) 2014년 입원환자들을 대상으로 조사한 미국소비자만족지수 결과를 보면 100점 만점에 82점을 획득해 민간병원의 평균 점수 80점을 상회하고 있다. 미국 보훈병원은 블루 버튼(Blue button)이라고 일컬어지는 미국 최고의 의료정보 시스템을 구축하였다. 이를 통해 과거 진료기록을 효율적으로 관리하고 약을 처방할 때에도 환자에게 바코드를 지급하여 잘못 조제되거나 환자가 거부반응이 있는 약을 처방 내려도 약 제조 시 이를 조기에 발견할 수 있는 시스템을 구축하였다. 그 결과 일반병원의 평균 오진율(3~8%)보다 훨씬 낮은 오진율(0.003%)을 기록했고, 의사와 환자의 시간과 비용까지 절감시켰다. 또한 VA병원은 절감된 시간과 비용을 심각한 합병증을 유발하는 대표적인 만성질환 중 하나인 당뇨병 치료에 집중 투자하여 당뇨병 관리 부분에서 민간병원 병균 57점을 앞선 70점을 기록하기도 하였다. 우리나라 보훈병원도 지방 권역별로 진료 특성화를 도모하여, 특정 질환에서는 민간 병원보다 더욱 수준 높은 의료 서비스를 제공함으로써, 보훈의료의 질 향상을 통한 혁신을 지속해 나가야 한다.

4. 맺는 말

지금까지 보훈의료를 개관해 보고 보훈의료를 둘러싼 주요 환경 변화 속에서 보훈의료가 나아갈 방향을 짚어 보았다.

국가보훈은 보훈대상자의 희생과 공헌을 기억하는 것에서 시작된다. 현재까지 보훈의료는 1953년 이래 보훈대상자들을 위한 보훈의료 보장체계의 기초를 다지고 그 보장 범위를 지속적으로 확대하면서 국가보훈정책의 중요한 축으로 자리매김해 왔다. 보훈대상자의 고령화, 4차 산업 시대의 도래, 디지털 헬스의 출현, 코로나19 대유행, 비대면의료의 부상, 의료소비자주의의 대두, 의료 전달 체계 개선과 공공의료 강화 등의 환경 변화는 끊임없이 보훈의료의 변화와 발전을 요구하고 있다.

보훈의료는 21세기 새로운 건강 패러다임에 맞춰 치료/수술에서 질병예방/건강증진 체계로 전환해 나감으로써 그 지속가능성을 공고히 해 나가야 한다. 동시에 4차 산업에 맞춰 디지털 헬스, 비대면 의료 서비스 제공 확대를 위한 기술적 발전도 끊임없이 추구해야 하며, 의료 전달 체계 확립과 공공의료 강화 등 전체 보건의료 발전상에 부합하면서 지속적으로 혁신해 나가야 한다. 특히 보훈의료에서 중요한 것은 보훈대상자의 신체, 정신적 건강 영역을 모두 조화롭게 보장해 줌으로써 보훈대상자의 높아진 건강 욕구를 충족시켜 나가는 것이다.

한편 보훈대상자 유형별 건강 상태와 건강 결정 요인, 건강 행위, 보훈의료에 적합한 지불제도 등 보훈의료 제도 전반의 발전을 뒷받침할 수 있는 연구는 아직 미진한 상태이다. 향후 다양한 환경 변화에 맞서 보훈의료의 미래상을 실제적이고 체계적으로 열어나갈 수 있도록 많은 관심과 지원이 긴요한 시점이다.

마지막으로 보훈의료는 사회 구성원 간의 허들링(Huddling)이라고 볼 수 있다. 영어에서 '허들링'은 옹기종기 모인다는 뜻이다. 알을 품은 황제펭귄들이 한데 모여 서로의 체온으로 함께 혹한의 겨울 추위를 견디는 데서 허들링의 이유가 잘 보인다. 펭귄의 허들링은 무리의 바깥쪽에 있는 펭귄들의 체온이 떨어지면 안쪽에 있는 펭귄들과 계속해서 서로의 위치를 바꿔 가며 무리 전체가 혹한을 견디는 방식이다. 앞으로도 국가와 사회를 위해 헌신한 보훈대상자를 더욱더 든든하고 따뜻하게 품을 수 있도록 보훈의료의 허들링이 계속되어야 한다. 보훈의료에 이러한 따뜻함이 스며들 때 보훈 분야 전체는 물론 한국 사회 전반이 더욱 든든해질 것이다.

보훈 선양과 교육, 그리고 문화

서운석_보훈교육연구원

1. 들어가는 글

문재인 대통령은 제62회 현충일 추념사(2017.6.6)에서 '항일의
병과 광복군 그리고 그들의 후손, 한국전쟁 참전군인과 학도병,
베트남 참전용사, 파독 광부와 간호사, 청계천 여공, 5·18 민주
화운동과 6월 항쟁의 시민, 서해바다를 지킨 용사들과 그 유가
족 등'을 일일이 호명하며, '이런 사람들의 애국심이 없었다면 지
금의 대한민국도 없었을 것'이라고 말한 바 있다. 대통령은 조국
을 위한 헌신과 희생은 독립과 호국의 전장에서만 있었던 것이
아니었음을 함께 기억하자고 하면서, 이런 분들에 대한 보훈이
야말로 국민통합을 이루고 강한 국가로 가는 길이라고 선언했
다. 멀게는 일제강점기부터 6·25전쟁과 이른바 산업화 시대를
온몸으로 견디며 살아낸 이들은 모두 나라를 위해 땀과 피를 흘
렸고, 이들의 공헌과 희생은 존경받아 마땅하며, 그에 걸맞은 보

답과 예우를 하는 게 정부의 당연한 의무라는 뜻을 밝힌 셈이다. 이들은 공통적으로 깜깜한 어둠 속에서 빛과 희망을 전한 사람들이다. 그래서 보훈은 빛과 희망을 유지하고 발전시켜 나가는 일이라고 할 수 있다.(서운석, 2020a: 226-227)

이런 보훈의 가치를 공동체 구성원들이 공유하는 방식이 보훈 문화이다. 보훈 문화는 국가유공자와 유족의 기억을 사회적 기억으로 전환시키고, 그에 대한 존경과 감사의 문화가 일상화되는 것을 의미한다. 이런 보훈 문화의 확산을 통해 우리는 국가유공자의 희생에 내재화된 국가 정체성과 연대의식, 민주시민의식을 계승할 수 있다. 또한 국가와 사회를 위한 희생과 공헌에는 반드시 그에 상응한 국가적 예우와 보답이 따른다는 것을 알려, 사회적 공정성을 제고할 수 있다. 이런 의미에서 보훈 문화는 그 사회의 수준을 가늠하는 척도라고도 할 수 있다.

수많은 국가유공자들의 희생으로 점철된 우리의 근현대사는 우리 사회의 소중한 정신적 자산이다. 일제강점기부터 6·25전쟁, 군사독재 등 숱한 위기와 격변을 지나온 우리 사회는 1980년대에 이르러 비로소 경제·사회적으로 안정과 성장의 기틀을 다지게 되었다. 이에 따라 지난 역사에 대한 성찰과 지속 가능한 국가 비전 및 목표, 철학 등을 정립·실행할 수 있는 여유와 역량을 갖추게 되었으며, 그동안 국가 위기 상황 속에서 나라를 위해 희생, 공헌했던 국가유공자들에게 더욱 적극적인 예우 및 지원 정책을 시행하게 된다. 이는 국가유공자와 유족에 대한 물질적 보상에 그치지 않고, 국가와 사회를 위한 공헌을 기억하고 감사하는 보훈 문화를 사회 내에 뿌리내리고자 하는 것이다.

따라서 보훈 문화와 선양정책은 국가유공자들의 명예와 공훈을 드높이고 그 정신을 기리는 교육·홍보 등에 중점을 두어 실시하고 있다. 다시 말해 보훈 문화와 선양정책은 국가적 기억을 보존하고 후세에 전승함으로써 미래 역사에 기여하기 위한 보훈의 핵심적 정책 영역의 하나로서, 역사 인식이나 정체성의 근거를 제공하는 교육적 기능이 있다.(김종성, 2017: 16) 따라서 보훈 문화와 선양정책 그리고 보훈 교육은 따로 떼어서 설명할 수 있는 분야가 아니라 서로 연관된 하나의 영역이라고 보는 것이 합당하다. 이런 이유로 여기에서는 보훈 선양을 보훈 문화를 널리 확산하는 사업으로 정의하고, 그 주요한 내용은 보훈교육을 통해서 이루어진다고 본다.

2. 보훈 선양의 의미와 현황

1) 선양정책의 의미

어떤 조직이든 그 조직을 위해서 희생하고 헌신한 구성원과 그 가족을 구성원들이 돌보지 않는다면 누가 그 조직을 위해서 헌신할 수 있겠는가? 이에 대한 확신과 실천이 바로 조직을 지탱해 주는 힘의 원천이 되는 것이다. 그리고 이런 논리는 국가에 적용해도 마찬가지이다. 국가의 미래는 흔히 국가 구성원들이 얼마나 튼튼하고 건강한 정신을 가지고 있느냐에 달려 있다고 말한다.(김종성, 2005: 289) 이런 정신을 보장하는 것이 보훈의 가치이며, 이런 정신이 널리 퍼져 있는 것이 보훈 문화이다. 여기에서 말하는 보훈은 국가를 위한 공헌 또는 공헌으로 간주할 수 있는 희생이 있다는 것을 전제로, 그에 상응하는 국가적 차원에서 행하는 유·무형의 물질적, 정신적 보답 행위로 정의할 수 있다.(김종성, 2005: 21)

이런 보훈제도의 목적은 직접적으로는 국가유공자들의 공헌과 희생에 대해 응분의 경제적·사회적 보상을 행하는 것이며, 그리하여 국가유공자들이 보람과 긍지를 가지고 영예로운 생활을 할 수 있도록 실질적으로 보장하는 것이다. 그리고 본질적으로는 국가유공자들의 공헌과 희생을 애국정신의 귀감으로 존중하여 우리들과 우리들의 자손에게 나라 사랑 정신을 함양하는 데 있다. 더 나아가 궁극적으로는 범국민적으로 보훈 문화 확산을 통해 국민적 화합의 장으로 발전시켜 나가는 것이다. 즉, 보훈은 국가의 공동체 의식과 정체성을 배양하고, 안보 역량을 강화하여 국가 사회를 유지·발전시키는 고도의 상징적 국가 기능이라고 하겠다.(서운석, 2018: 128)

나라를 위해서 희생한 이들과 그들의 가족을 돌보고 살피는 것은 나머지 구성원들이 마땅히 해야 할 일이다. 이에 따라 동서고금의 역사를 볼 때 국가를 위한 위국헌신의 정신은 가장 존엄한 가치로 인식되어 왔다. 국가 공동체를 위한 자기희생에 대해서는 그에 상응하는 보상과 예우를 다했을 뿐만 아니라 위국헌신의 정신적 가치를 계승하고 발전시켜 공동체 구성원들의 애국정신을 되살리고, 이를 통해 공동체 구성원들의 화합과 단결의 구심점으로 삼았다.(서운석, 2020b: 11)

이런 보훈의 이론적 배경은 보훈정신을 선양하는 행위로 연결된다. 보훈 선양은 국가유공자들의 숭고한 정신을 기리고 이들의 나라 사랑 정신이 국민들과 자손들에게 애국심의 귀감이 되고,

항구적으로 존중되도록 계승·발전시키는 것이라고 할 수 있다. 그리고 이런 노력은 결국 나라 사랑이라는 한 점으로 귀결된다.

여기서 나라 사랑은 국가에 대한 사랑과 자부심, 그리고 나라를 지키려는 호국 의지 등 최상의 국가 이익이라고 여겨지는 바를 위해 희생을 감수하는 마음과 행위라고 정의할 수 있다. 즉, 자기가 속해 있는 국가를 사랑하고 이 사랑을 바탕으로 국가에 대하여 충성·헌신하려는 의식이나 신념을 말한다고 할 수 있다. 이에 따라 보훈 선양은 국민들에게 나라 사랑 정신을 널리 알려 계승·발전시키도록 하는 것에 가장 큰 목적이 있으며, 이런 정신을 국가와 사회 공동체 전체의 정신으로 승화시키는 일련의 과정들을 의미한다고 하겠다.(형시영, 2011; 보훈교육연구원, 2013; 서운석, 2018)

이런 선양정책을 집행하는 것이 선양사업이고, 따라서 선양사업이란 애국선열의 위국 의지를 숭상, 계승함으로써 나라와 민족의 정통성, 정체성을 확립하는 한편 국민들로 하여금 올바른 국가관, 애국심을 정립할 수 있도록 하는 보훈 문화 창달 사업이라고 할 수 있다.(국가보훈처, 2011; 서운석, 2018) 또 선양 사업은 나라를 위한 희생과 공헌에는 반드시 그에 상응한 국가적 예우와 보답이 따른다는 것을 국민들에게 인식시킴으로써 나라가 위난에 처했을 때 모든 국민들이 국가 공동체의 존립을 위해 기꺼이 희생, 공헌할 수 있는 애국 의지를 발현·확산하게 하는 기능도 있다. 따라서 선양 사업은 국가유공자들의 명예와 훈공을 드높이고 그 정신을 기릴 수 있는 교육, 홍보 등 보훈 문화 확산에 관한 사업과 기념 및 추모사업 등에 중점을 두어 실시하고 있다.(국가보훈처, 2011; 서운석, 2014; 서운석 외, 2016)

2) 우리 사회 보훈 선양 현황

보훈 문화와 선양정책에 대해 더 알아보기 전에 현재 보훈 선양과 관련하여 우리 사회가 어떤 상황에 있는지 개략적으로라도 살펴보도록 하겠다. 이를 위하여 국가보훈처에서 실시하는 나라 사랑의식지수조사의 최근 결과를 살펴보았다. 공개된 자료 중 최근인 2017년 자료를 보면 현재 우리 사회의 사정을 어느 정도 살펴볼 수 있다고 판단한다. 우선 선양정책의 근본적인 효과 중의 하나라고 할 수 있는 국가유공자 존경 정도를 보면, 평소 국가유공자들을 존경하는지 물어본 결과, '존경한다'는 응답 비율이 80.2%로 나타나고 있었다. 반면, '존경하지 않는다'는 의견은 2.6%에 불과하였다. 2016년 조사와 비교하면, 평균점수가

80.07점으로 전년대비 0.98점 하락한 수준이었다.

<그림 1> 국가유공자 존경/국민으로서의 자긍심 현황

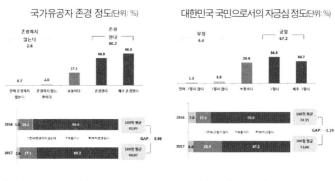

출처: 국가보훈처(2017: 30)   출처: 국가보훈처(2017: 28)

　　다음으로 대한민국 국민으로서의 자긍심 정도를 살펴보았다.
보훈 선양의 목적은 나라가 어려움에 처해 있을 때 자신을 희생
할 수 있는 나라 사랑 정신을 함양하는 데 있으며, 나라를 위한
헌신이야말로 존경받을 만한 명예로운 일이라는 것이다. 평상
시 이런 보훈 선양의 목적은 국가 공동체 구성원으로서의 자긍
심으로 나타난다고 할 수 있다.

　　이런 취지에서 국민으로서의 자긍심 정도를 살펴보면, 국민
10명 중 6명 이상(67.2%)은 대한민국 국민으로서의 자긍심을 느

끼고 있음을 알 수 있다. 반면 부정적 의견은 4.4%로 나타나 대한민국 국민으로서의 자긍심은 긍정적인 의견이 높은 수준이었다. 그러나 2016년 조사와 비교하면, 평균점수가 73.06점으로 전년대비 1.29점 하락한 수준이었다.

보훈 선양과 관련한 우리 사회의 현황은 단편적인 자료를 통해 보더라도 일부 취약하다는 사실을 알 수 있다. 예를 들어 국가유공자를 존경한다는 응답 비율이 80.2% 수준으로 나타나고 있어 낮지 않아 보이지만, 이는 관념적인 차원에서 그렇고, 실제로는 이런 수준보다 취약할 것으로 판단되기 때문이다. 이와 관련하여 보훈 선양을 실천하는 대표적인 행위라고 할 수 있는 국경일 태극기 게양 정도를 보면, 가정에서 3·1절, 현충일, 광복절 등 주요 기념일에 태극기를 게양하는 정도에서 '잘 게양하고 있다'는 비율은 37.5%에 지나지 않고 있었다. 이런 정도는 2016년 조사와 비교하면, 평균점수가 64.38점으로 전년대비 2.18점 하락한 수준이었다.(국가보훈처, 2017: 32) 이는 여러 요인이 복합적으로 작용하여 생긴 것이겠지만, 우리 사회의 보훈 선양 의식 수준이 상대적으로 취약하다는 것을 어느 정도 반영하는 것으로 판단한다.

이와 함께 선양정책의 효과에서도 일부 의문을 불러 일으키고 있다. 대표적인 선양사업에 대한 사회적 인지 정도가 상대적으로 낮은 실정으로 나타나고 있기 때문이다. 예를 들어 이달의 보훈인물 홍보사업에 대해 국민 10명 중 5명은 모르고 있는 실정이었고, 알고 있는 수준은 15.5%에 불과하기 때문이다. 앞으로 선양정책 전반적인 영역에서 검토의 필요성이 있다고 판단한다.(서운석, 2018: 137)

3. 보훈 기념행사

1) 정부 기념행사

보훈 선양과 관련하여 주요한 사업이 기념행사이다. 기념행사는 어떤 일을 기념하기 위한 행사로 기념식, 강연회, 전시회, 체육대회 등 다양한 양식으로 진행할 수 있다. 국가보훈처를 비롯하여 관련 기관에서는 나라를 위해 희생·공헌한 국가유공자와 그 유족들을 위로·격려하고 구성원들이 이들의 공헌을 기림으로써 나라 사랑 정신 함양에 기여하고자 다양한 보훈 행사를 진행하고 있다. 독립 기념행사, 참전 기념행사, 민주화운동 기념행사 등 그동안 각 부문별로 다양하게 진행해 온 보훈행사는 국민들의 나라 사랑 정신 함양은 물론 각계각층의 참여로 사회통합과 보훈 문화 확산에 크게 기여하고 있다. 여기에서는 보훈 문화 확산과 관련한 이들 기념행사들을 살펴보고자 한다.

(1) 2·28민주운동 기념식

1960년 2월 28일에 경북고 등 대구지역 8개교 학생들이 독재와 부정선거에 맞서 일으킨 광복 이후 최초의 학생 민주화운동을 기념하고, 3·15의거 및 4·19혁명의 도화선이 된 역사적 의의와 불의에 항거한 숭고한 민주정신을 되새겨 국민과 함께 정의로운 대한민국을 이루는 계기로 삼고자 2018년부터 정부 주관 기념행사를 거행하고 있다.

매년 2월 28일 국가보훈처 주관으로 대구 지역에서 기념식을 개최하고 있다. 정부 주관 첫 해인 2018년에는 식전행사로 2·28민주운동기념탑에서 2·28 주역과 주요 인사 및 학생의 참배가 있었고, 기념식은 문재인 대통령이 참석하여 제58주년 기념식이 대구콘서트하우스에서 개최되었다. 이날 2·28 관련 단체 회원, 정부 주요 인사, 각계 대표, 시민, 학생 등 1,500여 명이 참석한 가운데 열렸다. 대구광역시는 국채보상운동기념일인 2월 21

일부터 2·28민주운동기념일인 2월 28일까지를 대구시민주간으로 지정하여, 2·28의 정신을 계승하는 2·28 헌정 창작뮤지컬 공연 등 다양한 계기행사를 개최하고 있다.

(2) 3·15의거 기념식

1960년 3월 15일 당시 관권과 금권을 동원한 자유당 정권의 정·부통령 부정선거에 마산시민과 학생들이 선거의 무효를 주장하며 대규모 항거 시위를 벌였다. 그 과정에서 경찰의 무차별 발포로 12명의 시민이 사망하고 200여 명이 총상과 고문 등으로 다치는 불행한 사태가 발생되었다. 같은 해 5월 8일 마산시의회에서는 3·15의거일을 '민주의 날'로 만장일치 가결하였다. 1961년 3월 15일 장면 국무총리 등이 참석한 가운데 제1주년 3·15의거 추도제를 거행한 것을 시작으로, 그동안 민간단체 주관으로 추모제를 거행해 왔다. 이후 1995년 3월 29일 사단법인 3·15의거기념사업회를 발족, 이듬해부터는 이 단체 주관으로 기념식을 거행했다. 특히 2000년 제40주년 기념식에는 당시 김대중 대통령이 직접 참석하여 기념식을 주재했다.

2002년 8월 3일에는 3·15묘지가 국립3·15민주묘지로 승격되어 국가보훈처가 관리하고 있으며, 2003년부터는 3·15의거를 경상남도 기념일로 지정·운영했다. 2009년 12월 29일에는 국회의원 전원이 동의·서명한 '3·15의거 정부 주관 기념일 제정 촉구 결의안'이 국회에서 통과되었으며, 2010년 정부 주관 기념일로 지정되어 그 해부터 기념식을 국가보훈처에서 주관, 거행해 오고 있다.

(3) 대한민국임시정부 수립 기념식

대한민국임시정부 수립 기념식은 광복 이후 1989년까지 한국독립유공자협회 주관으로 거행해 오다가 1989년 12월 30일 정부 주관 기념일로 제정됨에 따라 제71주년 대한민국임시정부 수립 기념식부터는 국가보훈처에서 주관, 국무총리 참석 하에 기념식을 거행해 오고 있다. 2003년과 2009년에는 대통령이 주빈으로 참석해 기념식을 주재했다. 대한민국임시정부의 법통과 역사적 의의를 기리기 위해 제정한 기념일로, 2018년까지는 4월 13일로 기념해 오다가 임시정부 수립 100주년을 맞는 2019년 역사학계에서 발견한 추가 자료를 비롯해 학계의 전반적인 의견에 따라 4월 11일로 변경됐다.

대한민국임시정부 수립을 기념하여 각 지방에서도 광복회 광역시·도지부 주관으로 중앙 기념식에 준하는 기념식이 거행된다. 해외 행사로는 대한민국임시정부의 주요 활동지였던 중국 상해에서 상해총영사관과 광복회 공동주관으로 현지기념식과 연회 행사를 개최, 대한민국임시정부 수립의 뜻을 기리고 중국 에 거주하고 있는 우리 교민들의 나라 사랑 정신 고취를 도모하 고 있다. 이 밖에도 대한민국임시정부 요인(국무령 이상) 유족에 대해 대통령 기념품을 증정하는 위로 격려 행사를 실시하고 있 으며, 사진전, 문화공연, 사이버 참배 등 전국 각지에서 다양한 행사가 실시된다. 전국 초·중·고교에서도 순국선열의 희생정신 과 독립정신을 기리는 현장교육과 학교장 주관으로 계기교육을 실시하고 있다.

(4) 4·19혁명 기념식

4·19혁명 기념식은 1961년부터 1973년까지 서울특별시 주관 으로 세종문화회관에서 거행해 오다가, 1973년 3월 30일 정부 주관 기념일로 제정됨에 따라 1974년부터는 국가보훈처에서 기 념식을 거행하고 있다. 1995년 4월 17일 4·19묘지가 성역화 사 업 완료와 함께 국립묘지로 승격, 국가보훈처로 이관됨에 따라 1995년부터 국립4·19민주묘지에서 기념식을 거행해 오고 있다. 2000년 제40주년 기념식에는 김대중 대통령이 참석, 기념식을

주재했으며, 2007년 제47주년 기념식에는 노무현 대통령, 2010년 제50주년 기념식에는 이명박 대통령, 2020년에는 문재인 대통령이 참석했다.

4·19혁명 기념식 계기행사로는 부산, 광주, 경남, 대구·경북(격년으로 순회), 충북 등 6개 광역시·도에서 기념식이 지방자치단체 및 민간단체 주관으로 개최되고 4·19혁명 추모행사가 전국 각지에서 진행된다. 1972년부터 4·19선교회 주관으로 4·19혁명 기념 국가 조찬기도회가 세종문화회관에서 열리며, 4월 18일에는 희생자 추모제가 4·19민주묘지 유영봉안소(遺影奉安所)에서 개최된다. 4·19기념일을 전후해 각 대학에서도 4·19정신을 기리는 기념 마라톤대회 및 웅변대회를 개최하고 있다.

(5) 5·18민주화운동 기념식

1980년 5월 17일 신군부 세력의 비상계엄 전국 확대로 5월 18일부터 27일까지 10일간 광주시민과 학생들이 계엄령 철폐 및 신군부 퇴진 등을 요구하며 민주화운동을 벌였고, 그 과정에서 수많은 사상자들이 발생하게 되었다. 이에 광주민주화운동의 숭고한 희생정신을 기리기 위해 5·18민주화운동 기념식을 정부 주관 기념일로 제정, 매년 정부 차원에서 기념행사를 거행하고 있다.

정부 주관 기념일로 제정된 이후 국가보훈처에서 주관하는 기념식은 매년 5월 18일에 국립5·18민주묘지에서 5·18 관련 단체 회원, 정부 주요인사, 각계 대표, 시민, 학생 등이 참석한 가운데 열리고 있다. 관련 계기행사로 5·18민주화운동 기념식은 광역시·도 단위로 중앙기념식에 준하여 지방기념식이 거행되며 서울 및 광주지역을 중심으로 추모제, 전국휘호대회, 부활제 등 5·18민주정신을 기리는 각종 행사를 개최하고 있다. 5월 17일에는 5·18민주유공자유족회 주관으로 5·18민주화운동 추모제가 5·18 관련 단체 회원 및 시민들이 참석한 가운데 개최되고, 5·18 행사위원회 주관으로 구 전남도청, 망월동묘역, 5·18사적지 등을 탐방하는 5·18역사기행을 실시한다.

(6) 현충일 추념식

국가를 위해 헌신하신 분들의 숭고한 정신과 위훈을 기리고자 매년 6월 6일을 현충일로 정하고 범정부적인 추모행사를 전국적으로 거행함으로써 국가를 위한 헌신을 잊지 않고 끝까지 책임지겠다는 의지 표명을 통해 국민의 나라 사랑 정신 함양 및 국민 통합의 계기를 마련하는 데 그 목적이 있다.

6월 6일 현충일에는 국기를 조기(弔旗)로 게양하고 10시에 사이렌 소리에 맞추어 전 국민이 국가를 위해 헌신하신 분들의 명복을 빌고 위훈을 기리는 묵념을 1분간 실시한다. 현충일을 전후한 국립묘지 및 시·군 충혼탑 참배를 위해 지방자치단체별로 버스노선 조정과 운행 차량 확대, 시내버스 및 지하철 무임승차 등 대중교통 편의를 제공하고 있으며, 한국철도공사에서도 대상에 따른 열차 무료이용을 시행한다. 방송사 등 각 언론기관도 현충일 관련 기획특집 프로그램 등을 제작하여 방송하는 등 국가를 위한 헌신을 범국민적으로 추모하고 있다.

(7) 6·10만세운동 기념식

1926년 순종황제의 인산일(장례일)을 기해 일어난 6·10만세운동은 일제강점기 국내 3대 독립운동의 하나로 꼽혀 왔다. 그럼에도 불구하고 6·10만세운동은 3·1운동이나 11·3 학생독립운동과 비교하여 상대적으로 저평가되어 왔으며, 국가기념일이 아니어서 기념식도 중앙고등학교에서 학교 차원의 기념식만을 거행해 왔다. 이에 2018년과 2020년 2회에 걸쳐 여야 의원 44명이 참여하여 기념일 지정 촉구 결의안을 국회 발의했으며, 2020년 12월 8일에 6·10만세운동이 국가기념일로 지정되었다.

(8) 학생독립운동 기념식

1929년 11월 3일 광주에서 시작되어 이듬해 3월까지 전국에서 벌어진 학생독립운동의 역사적 의미와 계승 필요성을 알리고 일제의 식민통치와 민족 차별 등 불의에 맞서 일어선 학생들의 용기와 독립정신을 계승 발전시켜 국민화합의 계기를 마련하고자 2018년부터 정부 주관 기념행사를 개최하고 있다.

관련 계기행사로 광주는 물론 부산·울산·충남·전남 등에서 청소년을 대상으로 지역 교육청 등이 주관하는 참여 및 체험 활동이 다양하게 펼쳐진다. 광주 전역에서는 9월에서 11월까지 광주 청소년 독립 페스티벌이 개최되고, 부산에서는 부산항일학생 의거기념탑에서 기념식이 개최된다. 그 외 지역에서도 학생인권주간 운영, 청소년 역사탐구대회, 청소년 문화예술 한마당 등 청소년을 대상으로 한 계기행사가 전국적으로 개최된다.

(9) 순국선열의 날 기념식

'순국선열의 날'은 일제에 침탈당한 국권 회복을 위해 항일투쟁으로 순국한 선열들의 얼과 위훈을 기념하고자 1939년 11월 21일 대한민국임시정부의 임시의정원 제31회 회의에서 이 날을 임시정부의 법정기념일로 제정했다.

정부 주관 기념일로 제정된 이후 기념식은 국가보훈처 주관으로 매년 11월 17일 국민총리를 주빈으로 독립유공자 및 유족, 정부 주요 인사, 각계 대표, 시민, 학생 등이 참석한 가운데 백범김구기념관에서 거행해 오고 있다. 기념식은 국민의례에 이어 광복회장의 순국선열의 날 약사 낭독, 기념공연, 독립유공자 포상, 주빈의 기념사, 순국선열의 노래 제창 순으로 진행된다.

순국선열의 날의 의미를 계승하고 국민들의 나라 사랑 정신 함양을 위해 학술회의·추모제·글짓기 등 전국 각지에서 지역별로 다양한 행사가 개최되며, 전국 초·중·고교에서도 순국선열의 희생정신과 독립정신을 기리는 현장교육과 학교장 주관으로 계기교육을 실시하고 있다.

2) 호국기념행사

(1) 6·25전쟁 기념식

6·25전쟁의 참상과 역사적 교훈을 상기시키고 국민의 호국 안보의식을 고취하기 위해 1954년부터 국방부·문화공보부 자체 행사로 시작되었으며, 현재는 6·25참전유공자의 명예선양 행사와 병행하여 거행하고 있다. 이후 6·25전쟁의 역사적 의의를 재

조명함으로써 대한민국의 자유 수호를 위한 희생정신을 기리고 전후 세대에게는 국가의 소중함과 평화에 대한 공감대를 형성하기 위해 중앙행사와 위로연, 지역별 행사를 매년 6월 25일을 전후하여 개최하고 있다.

2020년 70주년 행사는 6·25참전유공자의 평균 연령(87세)을 감안할 때 생애 마지막 10주기가 되는 행사로서 '영웅에게(Salute to the Heroes)'라는 주제로 국군전사자 유해봉환과 연계하여 국내외 참전유공자에 대한 최고의 예우를 담아 거행했고, 22개 유엔참전국과의 국제적 연대 강화 및 대한민국의 위상을 재확인했다. 특히 코로나19 감염병으로 인해 TV 및 유튜브 등 온라인 매체를 적극 활용함으로써 실시간 TV 시청자 524만 명을 비롯해 국민 800만여 명이 직간접적으로 행사를 시청했다. 행사의 주요 내용은 국군 전사자 147구 유해봉환, 22개 참전국 정상 영상 메시지, 헌정 공연(미디어파사드·드론 공연 등), 참전기장(記章)·무공훈장·평화의 패 수여, 기념사, 헌정 군가, 6·25노래 제창 등으로 구성되었다.

(2) 6·25전쟁 유엔군 참전의 날 기념식
6·25전쟁 당시 대한민국을 지킨 22개국 195만 유엔군 참전용

사의 희생과 공헌에 감사하고, 참전국과의 유대강화로 국제사회 우호 협력 기반 확대 및 한반도 평화 정착을 위해 6·25전쟁 정전 협정일인 매년 7월 27일 거행하고 있다.

2013년 7월 26일 「참전유공자 예우 및 단체 설립에 관한 법률」 을 개정·공포하여 7월 27일을 유엔군 참전의 날로 하는 법적 근 거가 이루어졌다. 이에 2013년 7월 27일 유엔군 참전·정전 60주 년 기념식을 거행했다. 2020년 3월 24일에는 「유엔참전용사의 명예선양 등에 관한 법률」을 제정하여 체계적인 행사 추진을 위 한 법적 근거를 마련하였다.

(3) 서해수호의 날 기념식

2002년 6월 29일 북한경비정 2척이 북방한계선을 침범, 기습 사격을 가하여 우리 해군 경비정이 침몰하고 전사 6명, 부상자 18명이 발생했던 제2연평해전은 교전 부대인 제2함대사령부에 서 자체 추모행사로 진행되는 등 그 의미가 축소되었다가 2008 년부터 국가보훈처가 주관하는 정부 기념행사로 격상되었다. 2010년 3월 26일 서해 백령도 해상에서 천안함이 북한 잠수정의 기습적인 어뢰 공격으로 침몰, 승조원 104명 가운데 46명이 산 화한 천안함 피격사건은 2011년 3월 26일 1주기를 맞이해 국가보훈처 주관으로 추모행사를 거행했다. 2010년 11월 23일 북한의 기습포격으로 2명의 해병대원이 산화한 연평도 포격 도발은 2011년부터 국가보훈처 주관으로 추모행사가 거행되었다. 2016년부터는 이들 3개 사건을 통합해 매년 3월 마지막 금요일을 법정기념일인 서해수호의 날로 제정하여 정부 행사를 거행하고 있다. 2020년 5회 기념식은 역대 처음으로 대통령이 55용사 묘소에 일일이 헌화하고 참배하는 등 최고의 예우로 전사자의 명예를 선양했다.

(4) 턴투워드 부산 유엔 참전용사 국제 추모식

턴투워드 부산(Turn Toward Busan) 유엔 참전용사 국제 추모식은 유엔군 전사자들이 안장되어 있는 부산 유엔 기념공원을 향하여 11월 11일 11시에 맞춰 1분간 추모 묵념을 하는 행사로 시작되었다. 11월 11일은 제1차 세계대전 종전일이며 영연방 현충일(Remembrance Day), 미국 제대군인의 날(Veterans Day)로 희생과 헌신에 추모·감사하는 날로서 2008년부터 국가보훈처 주관으로 거행되었다. 이후 캐나다·미국·영국·호주·뉴질랜드·벨기에·프랑스 등이 동참 의사를 표현하면서 국제행사로 자리매김했고, 매년 11월 11일 11시 유엔 참전용사들이 잠들어 있는 세계

유일의 유엔묘지이자 세계 평화의 성지인 부산 유엔 기념공원에서 1분간 묵념 등 추모행사를 거행하여 6·25 유엔 참전용사들의 희생과 공헌을 기리고 참전국과의 유대강화 및 한반도와 세계 평화에 기여하고 있다.

4. 현충시설

1) 국내 현충시설 현황

「국가유공자 등 예우 및 지원에 관한 법률」에 따르면 '국가유공자 또는 이들의 공훈과 희생정신을 기리기 위한 건축물, 조형물, 사적지(史蹟地) 또는 국가유공자의 희생이나 공헌이 있었던 일정한 구역 등으로서 국민의 애국심을 기르는 데에 상당한 가치가 있다고 인정되는 것을 현충시설(顯忠施設)로 지정할 수 있다'고 규정하고 있다. 이러한 현충시설로는 독립운동이나 국가수호와 관련된 각종 기념비·기념탑·기념관·전시관·사당·생가 등이 있다.

현충시설 건립은 국가에서 직접 건립을 추진하는 것과 기념사업회 등 민간이 건립을 추진하는 경우로 나누어진다. 국가에서 직접 건립한 대표적인 시설로는 2020년 11월 13일 개관한 호남 호국기념관과 2021년 개관 예정인 국립대한민국임시정부기념 관이 있다. 국가의 직접 건립 외에도 현충시설 건립을 위한 지원 도 했는데, 2013년 4월 23일 개관한 오산시 UN 초전(初戰)기념 관은 6·25전쟁 당시 유엔군 일원으로 참전하여 북한군과 첫 교 전을 치른 미국 스미스 특수임무부대의 죽미령 전투를 기념하 기 위한 곳이다. 2017년 6월 30일 개관한 경상북도독립운동기 념관은 많은 독립유공자를 배출하고 독립운동의 초석인 갑오의 병(1894) 발상지인 경북 안동에 지상 1층, 지하 1층으로 총 263억 6,000만 원(국비 128억 6,000만 원)을 투입하여 2011부터 2016년까 지 6년간 조성되었으며 주요시설로는 독립관 등 기념관 3동과 신흥무관학교 등 체험장 7개소가 있다. 2020년 6월 5일 개관한 장사상륙작전 전승기념관은 총 324억 원(국비 139억 원)이 투입된 사업으로, 6·25전쟁 중 경북 영덕군 남정면 장사리 해안 일대에 서 후방 북한군 교란 및 인천상륙작전의 양동작전이었던 장사상 륙작전을 기념하기 위한 공간이다. 이런 예들을 포함하는 현재 현충시설 현황을 보면 다음과 같다.

〈표 1〉 현충시설 현황(2020년 말 기준)

구분	계	탑·비석	공원·장소 등	동상	기념관	사당	조형물	생가	기타
계	2,219	1,638	143	164	93	54	50	47	30
독립운동	959	568	108	95	67	45	10	47	19
국가수호	1260	1,070	35	69	26	9	40	-	11

2) 국가 관리 기념관 현황

국내 현충시설 중에서도 보훈 문화 확산과 관련하여 특히 중요한 것이 기념관이다. 이에 주요 국가 관리 기념관에 대해 살펴본다.

(1) 백범김구기념관

백범김구기념관은 김구(1876~1949) 선생이 조국과 민족을 위해 항일독립운동과 남북 평화통일을 성취하고자 평생을 바쳐온 숭고한 정신을 기리고 국민의 애국심 함양의 장으로 활용하고자 서울 용산구 임정로 26 부지에 2001년 3월 착공, 2002년 10월 22일 준공되었다. 건립 후 2002년 11월 국가보훈처에 기부 채납되었고, 백범김구기념사업협회에서 기념관을 위탁 관리·운영하고 있다. 기념관에는 선생의 애국애족 정신과 조국의 완전한 자주독립을 위한 각종 기록과 자료들이 전시되어 있으며, 다양한 교

백범김구기념관   안중근의사기념관

육 프로그램과 문화행사를 체험할 수 있는 교육장·대회의실·컨벤션홀 등이 마련되어 있다. 기념관 근처의 효창공원에는 김구 묘역을 비롯한 삼의사(三義士) 묘역, 임시정부 요인 묘역이 있다.

(2) 안중근의사기념관

안중근의사기념관은 안중근(1879~1910) 의사의 삶과 업적을 후세에 알리고자 일제강점기 조선신궁이 있었던 서울 중구 소월로 91 부지에 세워졌다. 1970년 10월 26일에 개관했고, 2010년 순국 100주기와 의거 101주년을 맞아 단지(斷指) 동맹을 맺은 12명을 형상화한 건물로 새롭게 재개관했다. 2010년 10월 국가보훈처로 기부 채납되었으며, 2010년 10월 26일부터 안중근의사숭모회에서 위탁 관리·운영하고 있다. 기념관에는 안중근 의사의 일생이 소개되어 있으며, 업적과 평화 사상을 알 수 있는 자료도 전시되어 있다. 상설 전시실과 기획 전시실 이외에도 다양한 교육 프로그램과 문화행사를 위한 체험 전시실, 세미나실, 강당 등이 마련되어 있다. 기념관 앞 안중근 광장에는 안중근 의사의 유묵(遺墨)과 어록을 새긴 석비(石碑)들이 있다.

(3) 매헌윤봉길의사기념관

매헌윤봉길의사기념관은 조국의 독립을 위해 목숨을 바친 매헌 윤봉길(1908~1932) 의사의 생애와 업적을 알리고자 서울 서초구 매헌로 99에 1988년 12월 1일에 개관했고, 2016년 1월 1일부터는 기념관이 서울시에서 국가보훈처 소유로 이관되어 매헌윤봉길의사기념사업회에서 위탁 관리·운영하고 있다. 기념관은

매헌윤봉길의사기념관   유엔평화기념관(제공: 부산광역시)

매헌 윤봉길 의사의 삶과 업적을 시간 순서에 따라 소개하고 있는데, 제1전시실은 출생에서 칭다오 생활까지, 제2전시실은 상하이 의거에서 카이로 선언까지를 다루고 있다. 이 밖에 강당, 세미나실, 기획 전시실, 자료실, 수장고 등의 시설도 갖추고 있다. 국가보훈처로 이관된 이후 2017년 3월 전시시설 개선사업을 거쳐 재개관하여 국민의 애국심 함양의 장으로 거듭났다.

(4) 유엔평화기념관

유엔평화기념관은 6·25전쟁에 참전한 유엔참전국을 기억하고 전쟁에서 희생된 참전용사를 기리고자 부산 남구 홍곡로 320번길 106에 2014년 11월 11일에 개관했다. 2014년 8월 국가보훈처로 기부 채납되었으며, 2014년 9월 3일부터 (사)국제평화기념사업회에서 위탁 관리·운영하고 있다. 이곳은 유엔참전국과의 유대를 강화하고, 전쟁의 참상과 정전 협정의 의미를 되새길 수 있는 공간이다. 기념관에는 6·25전쟁과 유엔의 관계를 중심으로 전쟁의 시작부터 정전 협정이 이루어지기까지의 상황이 전시되어 있다. 한반도의 평화를 지키기 위해 지원에 나선 22개국을 소개하고 그들의 희생을 추모하는 공간도 마련되어 있다. 그 밖에도 교육 공간, 대형 행사장, 유엔기념공원을 한눈에 볼 수 있는 전망대, 6·25전쟁과 유엔참전국을 비롯한 유엔 관련 전문서적을 열람할 수 있는 자료실이 있다.

(5) 독도의용수비대기념관

독도의용수비대기념관은 6·25전쟁 당시 독도를 수호했던 독도의용수비대의 헌신을 기리고, 국토수호 정신 및 나라 사랑 정신을 미래세대에 계승하는 장을 마련하기 위해 경북 울릉군 북면 석포길 447-8 부지에 2014년 9월 착공, 2017년 10월 27일 개관했다. 2019년 2월 국가보훈처로 기부 채납되었으며, 2017년 9월 1일부터 독도의용수비대기념사업회에서 위탁 관리·운영하고 있다. 독도의용수비대기념관은 동도와 서도의 모습을 본 따 디자인되었고, 내부에는 독도의용수비대 활동 관련 자료가 전시되어 있으며 외부의 야외전망대에서는 독도를 육안으로 볼 수 있

독도의용수비대기념관 호남호국기념관

어서 독도의용수비대의 나라 사랑 정신과 희생정신을 생생하게 체험할 수 있다.

(6) 호남호국기념관

호남호국기념관은 호남 지역 선열의 애국정신과 국가수호 정신을 소개하고, 국가유공자의 희생과 공헌을 기리고자 전남 순천시 원연향길 17 부지에 2018년 3월 착공, 2020년 11월 13일 개관했다. 2020년 6월 1일부터 독립기념관에서 위탁 운영·관리하고 있다. 국민들이 선열의 숭고한 정신을 기억하고 계승하며, 지역 주민들과 소통하고 교류할 수 있는 보훈 문화 공간으로 조성한 곳으로, 기념관에는 호남 지역의 국가수호 활동과 관련된 여러 기록과 자료가 전시되어 있으며, 다양한 교육 프로그램과 문화행사를 체험할 수 있는 다목적 강당과 세미나실 등 교육·문화 공간도 마련되어 있다. 1층은 호국보훈의 빛, 파노라마 영상관, 기획 전시실로, 2층은 호남의 호국 이야기를 다룬 상설 전시실로, 3층은 체험 전시실로 구성되어 있다.

3) 국외 현충시설(국외 독립운동사적지)

　정부는 독립유공자 또는 이들의 희생 및 공훈정신을 기리기 위한 각종 건축물·조형물·사적지, 독립유공자의 공헌이나 희생이 있었던 일정한 구역 등으로 국민의 애국심과 보훈정신 함양에 상당한 가치가 있다고 인정되는 국외 소재 독립운동사적지의 학술조사, 점검, 기념관 건립, 복원, 보수사업을 지원하고 있다.

　국가보훈처는 2002년부터 국외 독립운동사적지를 효율적으로 관리하기 위해 전문 실태조사를 실시하는 한편 국가·지역별 실정에 맞는 사적지 보존·관리를 위해 2007년부터 중국·러시아·중앙아시아 등 사적지 관리가 어려운 지역을 대상으로 대학 연구소 등과 현지 관리기관 협약을 체결, 정기조사를 통해 점검하고 있다. 연차적 계획에 따른 종합적·체계적인 학술(실태)조사를 실시하기 위해 지역별 전문가로 조사단을 구성했고, 미조사 국가와 지역 또는 조사가 미흡하거나 재확인, 위치지정이 필요한 사적지를 중점적으로 조사했다. 이에 관한 학술조사보고서는 2020년까지 총 22권이 발간되었다. 정부는 앞으로도 체계적인 중장기 계획 수립을 통해 매년 지속적·연속적으로 학술조사를 추진해 나갈 계획이다. 국외 독립운동사적지 현황을 살펴보면 다음과 같다.

〈표 2〉 국외 독립운동사적지 현황(2020년 12월 기준)

구분	중국	러시아	미국	일본	동남아시아	중앙아시아	멕시코·쿠바	유럽	총계
중점	69	10	11	9	2	4	3	4	112
일반	355	57	103	26	24	17	24	22	628
기타	40	52	46	35	39	6	39	8	265
합계	464	119	160	70	65	27	66	34	1,005

5. 보훈교육 현황

독립운동이나 6·25전쟁 그리고 민주화운동 등 국가의 중요한
역사적 사건에 대해 당시 상황을 겪지 못한 젊은 세대의 경우 이
를 단편적 사건으로만 인식하는 것이 현실이다. 또한 세계적 경
제 위기와 개인의 존재와 가치를 중요시하는 사회 분위기의 형
성, 온라인·모바일 세계의 확장에 따라 공동체 경험과 그 과정의
성취를 느끼기 어렵다.

이에 국가보훈처는 국가와 사회를 위해 자신을 희생한 선열들
의 숭고한 정신이 국민의 귀감으로 기억되고 계승·발전될 수 있
도록 전 국민을 대상으로 보훈교육을 실시하고 있다. 보훈교육

은 「독립유공자 예우법」 제3조(국가의 시책)와 「국가유공자 등 예우 및 지원에 관한 법률」 제3조(정부의 시책)에 따라 실시하다가, 2005년 5월 31일 「국가보훈기본법」이 제정되면서 동법 제23조 (공훈선양사업의 추진)에 의해 시행되고 있다.

보훈교육과 관련한 주요 사업 현황을 보면, 먼저 보훈정신 계승 연수사업이 있다. 보훈정신 계승 연수는 보훈가족, 초등학생, 중·고등학생 및 대학생, 부모님과 자녀, 교원 등을 대상으로 독립과 국토수호, 민주화 등 국가보훈 영역에 대한 올바른 역사 인식 정립을 주 내용으로 보훈교육연구원에 위탁 실시하고 있다.

〈표 3〉 보훈정신계승 연수 프로그램(2021년 예시)

교육과정	대상	인원(명)	비고	모집
부모님과 떠나는 보훈여행	초·중·고등학생과 부모님	600	블렌디드 연수 (온라인+ 가족별 현장체험)	보훈교육연구원
1일 씽씽 보훈체험	초·중·고등학생	1,200	온라인	〃
보훈스토리 편 러닝	대학생(ROTC)	200	온라인	〃
교사, 보훈을 만나다	교원(교장, 교감, 평교사)	120	온라인	위탁
현장, 보훈을 만나다	보훈테마활동 운영기관 담당자 등	54	온라인	보훈교육연구원
선생님과 함께하는 보훈이야기	교원 대상 사이버 연수	3,000	30차시	위탁
랜선으로 떠나는 보훈역사여행	일반 국민 누구나 유튜브로 수강	1,100	온라인	〃

알기 쉬운 보훈이야기	지역아동센터 및 복지시설 청소년	100	온라인	〃
보훈대상자 자긍심 업(up)	국가유공자 본인, 배우자, 독립유공자 유족 등	120	온라인 과정 신설 하반기 집합 검토	보훈관서
합계		6,494		

다음으로 보훈 문화 체험 활동이다. 보훈 문화 체험 활동은 민간의 다양한 체험 활동을 보훈 영역에 접목한 '보훈 주제 활동'과 지역 내 현충시설 등을 방문하여 독립운동 및 국가수호, 민주화 등 국난 극복의 역사를 자연스럽게 체험하는 반일형 프로그램인 '보훈 현장 탐방', 청소년들이 이·미용, 제과제빵, 돋보기 제작 등 봉사활동을 통해 보훈 정신의 가치를 배우고 국가유공자에 대한 감사와 존경의 마음을 갖도록 하는 '청소년 보훈 봉사 프로그램'을 실시하고 있다. 2018년부터는 IT 기술을 도입한 체험 프로그램으로 'VR로 전하는 보훈 이야기'를 추진, 독립·호국·민주 주제별 VR 콘텐츠를 제작하고 권역별 VR 체험존(기념관·학교 등)을 순회 운영하여 청소년들에게 쉽고 재미있는 보훈 문화 체험 기회를 제공하고 있다.

〈표 4〉 보훈 문화 체험 활동 프로그램

구분	내용	대상	추진방향
보훈 주제 활동	청소년의 꿈과 끼가 '보훈'을 주제로 다양하게 표현될 수 있도록 지역 내 청소년 활동 시설, 지도사 등 축적된 체험 활동 기반을 활용한 종일형(4시간 이상) 프로그램	초·중·고교생	-민간의 다양한 방식의 체험 활동을 보훈 영역에 접목하여 창의적 프로그램으로 구성 -자유학기제 등 지역자원을 연계한 프로그램 우선 지원
보훈현장 탐방	청소년이 접근이 용이한 지역 내 현충시설 등 보훈현장 탐방을 통해 독립운동 및 국가수호, 민주화 등 국난 극복의 역사를 자연스럽게 체험하는 반일형(4시간) 프로그램	초·중·고교생	-청소년의 보훈 의식을 고취할 수 있는 탐방 프로그램 개발 및 지원 -각급 학교의 현장학습 등 학교 행사 또는 창의적 체험 활동과 적극 연계
보훈 봉사	청소년들이 봉사활동을 통하여 보훈정신의 가치를 배우고 국가유공자에 대한 감사와 존경의 마음을 갖는 프로그램	초·중·고교생	-국가에 대한 희생과 공훈의 의미 등을 체험할 수 있도록 일반 봉사와 차별화된 활동으로 구성 -이·미용, 제과제빵, 돋보기 제작 등 청소년 재능 기부 활동
VR콘텐츠 제작 및 체험존 운영	IT 기술을 도입한 VR 콘텐츠 'VR로 전하는 보훈 이야기' 제작 및 체험존 운영	기념관 방문객, 초·중·고교생	-학생들이 직접 기획·제작 참여, 보훈역 주제별 VR 콘텐츠를 개발 -권역별 VR 체험존 순회 운영을 통한 확산 및 홍보

　다음으로 학교와 연계한 보훈교육 활성화 사업이다. 학교 교육과정과 보훈교육을 연계한 학습 책자, 영상, 교안, 체험 교·구재 등 다양한 보훈 학습 자료를 제작·보급하고, 학교 현장에서의 보훈교육에 대한 관심을 제고하기 위해 교장·교감·교사를 대상으로 지속적으로 연수교육을 실시하고 교원 사이버 강의를 개발·운영하는 등 학교와의 연계를 위해 노력하고 있다.

마지막으로 국내외 사적지 탐방 사업을 들 수 있다. 국외 독립
운동사적지 탐방사업은 1994년부터 2015년까지 광복회 등 8개
단체에서 주관했다. 독립유공자와 유족, 후손, 초·중등학교 교
원, 대학생 등을 대상으로 중국과 러시아 지역의 독립운동사적
지를 각 주관 단체별로 다르게 선정하여 실시했다. 이를 통해 청
소년 등에게 독립유공자의 발자취와 왜곡된 역사를 올바르게 알
림으로써 국가에 대한 자긍심과 나라 사랑 정신 함양에 기여했
다. 2016년부터는 국가보훈처 직접 사업 방식으로 변경되어 독
립유공자와 후손·교원·대학생 외에 일반 국민도 공개 모집하여
대상을 확대하고 사적지를 직접 방문함으로써 숭고한 우리의 역
사를 올바르게 이해하고 애국심을 함양하는 기회를 제공했다.

6. 보훈 문화 확산 사업

국가유공자에 대한 예우정책이란 나라를 위해 희생, 공헌한
이들에게 물질적 보상과 지원뿐만 아니라 그들이 사회로부터 존
경받을 수 있도록 국가 차원에서 정신적 예우를 실시하는 정책
이다. 과거 국가유공자들에 대한 생계지원 차원의 원호 시책에

서 1984년 「국가유공자 예우 등에 관한 법률」 제정을 계기로 이들의 영예와 자긍심을 드높이는 정신적 예우 차원의 보훈정책으로 전환했고, 국가유공자 예우 문화를 확산하기 위한 제반 시책들을 적극 추진하기 시작했다. 2000년대 들어 국난을 경험하지 않은 청소년 등 젊은 세대와 국민들에게 선열들의 희생정신을 기억하고 계승하는 보훈 문화 확산을 위해 다양한 사업을 추진하고 있다.

1) 보훈 문화 홍보

2000년대에 이르러 보훈 문화 홍보 사업을 적극 추진했다. 특히 자유롭고 흥미로운 것을 선호하는 젊은 세대의 욕구를 반영하여, 여럿이 함께 참여하고 소통할 수 있는 다양한 매개체와 프로그램, 이벤트 등을 통해 홍보 사업을 전개했다. 2002년을 '보훈 속에 하나 되는 공동체 구현의 해'로 설정하고 독립군가 및 군가 리메이크 앨범과 뮤직비디오 제작, 온라인게임 연계 이벤트 실시, 보훈 주제의 만화책 발간 및 애니메이션 제작, UCC 공모전 개최 등 다양한 수단을 통해 나라 사랑 정신 함양과 보훈 문화의 확산을 도모했다. 2002년에는 '민족정기 선양 센터' 홈페이지 등 홍보사이트 운영의 내실화를 기했다. 2004년에는 어린이 용 홈페이지 '꾸러기 보훈광장'을 개설하고 나라 사랑 창작동화, 독립운동가 플래시 애니메이션, 호국영웅 애니메이션, 기념행 사 알아보기, 나라 사랑 이야기 등 역사의식과 나라 사랑 정신을 함양할 수 있는 어린이 눈높이의 학습 콘텐츠를 제공했다.

4·19, 6·25, 순국선열의 날 등 보훈 기념일에는 온라인 이벤트 도 실시하여 어린이들의 지속적인 방문과 자발적인 학습을 유 도하는 한편 학교교육과 연계해서도 활용될 수 있도록 운영했 다. 2008년에는 민족정기 선양 센터의 명칭을 '나라 사랑광장'으 로 변경, 민족정기에 대한 기본개념과 독립유공자 공훈록, 이달 의 독립운동가, 보훈기념행사, 국내외 현충시설 자료, 보훈 선양 교육자료 등 다양한 콘텐츠를 제공하여 청소년 보훈교육에 필 요한 자료실로서의 역할을 수행했다. 2015년 기존의 '꾸러기 보 훈광장'과 '나라 사랑광장'을 통합하여 현재의 '나라 사랑배움터' (http://edu.mpva.go.kr)로 개편했다.

2) 보훈 콘텐츠 공모전

1963년 이후 매년 정부 주관 호국보훈의 달 행사의 일환으로 보훈 표어 및 포스터를 현상 공모, 입선자를 시상하고 최우수작 등을 선정·인쇄한 후 전국 관공서 등 공공시설물에 부착 게시하도록 하여 국가유공자에게 감사를 표하고 나라 사랑 정신을 기리도록 하고 있다. 1997년부터는 자라나는 청소년들의 호국의식 함양을 위해 보훈 관련 시, 수필, 참전수기, 추모 헌시 등을 현상 공모하고 표어·포스터·시·수필 부문은 초등부, 중·고등부, 일반부로 구분하여 부문별로 시상했다. 2010년대에 와서 청소년과 청년층 등 일반 국민이 다양한 형태로 참여할 수 있도록 공모 부문을 확대·개편했다. 2012년 애국가 부르기 이벤트를 개최해 학생들이 애국가를 즐겁게 배우고 부를 수 있는 장을 마련했고, 국민적 관심 제고를 위해 2014년부터 공모의 한 부문으로 추가했다.

공모전의 최신 경향을 반영하여 UCC(영상), 사진/이미지, 포스터부터 웹툰(그림), 캐릭터·이모티콘, 카드뉴스 등 부문을 신설했다. 2019년에는 영상, 문예 작품, 탐방소감문 등 공모사업을 통합하여 영상·디자인·문예 부문으로 공모하는 한편 '국민참여형 보훈 관련 창작 콘텐츠'를 접수한다는 의미에서 명칭을 '보훈 콘텐츠 공모전'으로 변경했다. 보훈 콘텐츠 공모전은 1997년 사업 개시 이후 2020년까지 총 729점의 우수작을 선정·시상했다.

최종 당선작은 모음집을 발간하고 나라 사랑배움터·유튜브 등 온라인에 게시하고 있으며 보훈의 달 계기 학습 참고자료로 배포하고 있다.

3) 보훈 문화상

보훈 문화상은 2000년 민족정기 선양사업의 일환으로 국가유공자의 애국정신을 계승·발전시켜 보훈 문화 확산에 기여한 개인 또는 단체를 발굴, 보훈 문화의 사회적 확산을 장려하기 위해

2020년 보훈콘텐츠 공모전 당선작 모음집   2021년 보훈 문화상 공고 포스터

제정되었다. 민족정기 선양, 국가유공자 예우, 문화예술, 교육홍보, 연구학술 부문 등에 대하여 시상하고, 상금 및 시상부문을 조정해 왔으며, 언론사·보훈공단 등 유관기관과의 공동 개최를 모색해 오면서 상의 권위와 인지도를 높이고 있다.

2006년부터는 상금의 액수를 상향 조정하여 수상자들에게 1,000만 원의 상금과 함께 국가보훈처장 명의의 상장을 수여하고 있다. 시상 부문을 5개 분야로 구분하여 운영했으나 2020년에는 다양한 분야의 후보자 발굴을 위해 시상 부문 구분 없이 후보자 추천 범위를 확대했다. 보훈 문화상은 2020년까지 110명(개인 25, 단체 85)에게 상을 수여해 왔다.

7. 나오는 글

이 글을 마무리하는 차원에서 보훈 선양과 관련하여 여건 변화 및 발전 방향을 살펴보고자 한다. 보훈 문화와 관련한 환경 변화로 스마트폰을 신체의 일부처럼 사용하는 세대가 점차 주류가 되고 있다. 저출산으로 가정당 자녀수는 줄고, 맞벌이 가정의 증가에 따라 이 세대는 집단생활을 경험하기 쉽지 않다. 또한

'나'를 중시하는 문화와 경제적 양극화·침체가 만나 각자도생 분위기가 확산되고 있다. 울리히 벡은 기술화·세계화·근대화의 속도가 빠르고 불확실성이 커진 오늘날을 위험사회라고 했다. 거대한 망 안에 개개인이 촘촘히 연계된 사회이기에 위험의 파급력은 더욱 크다. 이러한 위험은 원자화된 개인의 노력으로는 극복하기 어려우며 극단으로 치닫지 않기 위해서는 공공성과 다양성, 책임성을 발휘하는 시민들의 힘이 필요하다. 따라서 보훈교육을 실시하여 자라나는 청소년들이 공동체 의식과 국가에 대한 자긍심을 가지고 건전한 민주시민으로 자라날 수 있도록 하는 것은 매우 중요한 국가적 과제라 할 수 있다.

독립유공자에 대한 공훈 선양에서 출발하여 민족정기 선양교육으로 이어진 보훈교육은 보훈대상자들뿐 아니라 전 국민들의 올바른 국가관 확립과 애국심 고양을 위한 교육으로 그 저변이 크게 확대되어 왔다. 그러나 한편에서는 그 내용이나 방향에 대해 사회 전반의 공감대를 얻지 못한 채 정부 주도의 일방적·주입식 교육이 이루어졌다는 평가를 받으며 정치적·이념적 편향성 논란을 일으키기도 했다. 이와 관련한 여론으로 인해 관련 예산이 대폭 삭감되는 등 사업이 축소되고 보훈에 대한 부정적 인식이 생겨나는 등 역작용이 발생하기도 했고, 보훈교육이 소극

적으로 추진되기도 했다. 그 결과 국민들이 나라를 위해 희생·
공헌하신 분들의 숭고한 정신을 기억하고 감사하는 보훈 문화를
사회 전반에 조성하기 어려운 상황에 처하기도 했다. 이러한 경
험에 비추어 보면, 보훈교육은 정부 주도 방식보다는 국민의 능
동적 참여를 전제로 해야 하며, 정부와 일정한 거리를 둔 독립법
인이 주체가 되어 민간과 상호 협력 하에 추진할 때 정치적 중립
성을 확보하고 보훈 문화 확산에 기여할 수 있다는 사실을 알 수
있게 된다.

이와 함께 비대면 교육 수요의 증가, 스마트폰 및 태블릿 PC
의 대중화 등과 같은 교육 환경의 변화에 발맞춰 보훈교육 역시
온·오프라인 융합형 교육으로 전환해야 할 필요성이 커지고 있
다. 이러한 변화를 통해 디지털 기기에 익숙한 청소년들의 관심
과 흥미를 이끌어 낼 수 있으며, 청소년들이 함께 참여할 수 있
는 창의적인 교육 콘텐츠 및 교육 방법을 적극 개발하여 보훈 문
화 확산의 효과를 높이도록 해야 할 것이다.

다른 한편, 보훈 문화와 관련한 환경 변화로 입시 위주의 학교
교육 때문에 미래세대가 보훈을 실제적으로 인식하기가 쉽지 않
은 형편이다. 또한 보훈이란 용어를 들을 때 막연한 국가유공자
를 떠올리며 나와는 관련이 없는 것으로 생각하거나, 보훈 문화

관련 콘텐츠를 친숙하게 수용하는 능력과 보훈에 대한 실제적 이해 사이에 괴리가 생기기도 한다. 디지털 환경에 익숙한 밀레니얼·Z세대(MZ세대)는 최신 트렌드에 민감하고 자신만의 이색적인 경험을 추구하면서도 사회적 가치를 의식하며 불공정한 상황에서 자신의 신념을 적극적으로 표출하기도 한다. 따라서 우리 사회를 이끌어갈 이들 세대가 능동적으로 보훈을 이해하며 스스로 공헌과 희생을 기억하고 계승할 수 있도록 흥미와 관심을 불어넣어 주는 것이 필요하다.

이에 일반 국민, 특히 미래세대의 관심과 참여를 끌어내기 위한 콘텐츠와 플랫폼의 개발이 필요하다. 콘텐츠의 경우 능동적으로 참여할 수 있는 콘텐츠와 특정 시기에 유행하는 소재, 이른바 '사회적 유전자(meme)'와 결합된 파급력 높은 콘텐츠를 개발해야 한다. 플랫폼은 오프라인뿐만 아니라 모바일·SNS 등 온라인 공간에 미래세대 스스로 보훈 문화 콘텐츠를 수요·공급하는 장이 되도록 만들어야 한다. 이러한 방향 하에 적절한 정책이 이루어질 때 미래세대는 보훈의 가치가 국가를 유지하고 우리 사회를 건강하게 만들어가는 필수 공공재임을 인식할 수 있게 된다. 이런 보훈 문화를 안착시키며 사회를 좀 더 활기차고 평화로운 모습으로 만들어 가야 하는 과제가 우리 앞에 놓여 있다.

보훈의 국제화

: 이유, 의미, 과제

이찬수_보훈교육연구원

1. 보훈은 그 자체로 국제적

이미 여러 차례 서술한 바 있듯이, 보훈은 국가를 위한 희생과 공헌에 대한 보답이자, 이를 통해 국민통합과 국가 발전에 기여하는 과정이다.(「국가보훈기본법」 제1조 및 2조. 이하 「기본법」)

이때 '희생'과 '공헌'은 다음의 네 과정에 기여한 정도를 근간으로 한다: "가. 일제로부터의 조국의 자주독립 / 나. 국가의 수호 또는 안전보장 / 다. 대한민국 자유민주주의의 발전 / 라. 국민의 생명 또는 재산의 보호 등 공무수행(「기본법」 제3조)

즉, '일제강점기의 독립운동', '6·25전쟁 및 베트남전쟁 참전', '4·19와 5·18로 대변되는 민주화운동', '국민보호를 위한 공무수행' 중에 당한 '희생'과 국민통합 및 국가 발전에 '공헌'한 정도를 국가유공자(혹은 보훈대상자) 자격의 근간으로 삼는다는 것이다.

이러한 보훈의 의미와 내용에 전제되어 있듯이, 한국의 보훈

정책을 형성시킨 계기 속에 이미 국제적 차원이 들어 있다. 좁혀서 보더라도 '일본'에 대한 반대와 독립을 위한 항거, '북한' 및 '중국'과의 전쟁, '베트남'과의 전쟁 중에 겪은 각종 희생과 상처가 이미 국익 기반의 정치·외교적이고 지정학적 역학 관계 등 국제적 차원을 반영하고 있는 것이다.

게다가 얼핏 보면 일제로부터의 독립운동에는 한국인들만 관여했던 것 같지만, 자세히 보면 독립 운동에 중국인들과 협력하기도 했을뿐더러, 한국의 독립을 도와서 오늘날 독립유공자로 서훈된 외국인들도 여러 명이다. 한국에게도 익숙한 중국의 지도자 쑨원(孫文, 1866-1925), 장제스(蔣介石, 1887-1975)는 물론 스코필드(Frank W. Scofield, 1889-1970), 헐버트(Homer Bezaleel Hulbert, 1863-1949) 등은 국가보훈처에서 선정한 독립유공자이다. 설령 이들이 개인 자격으로 독립운동을 지원했다 하더라도 한국 보훈의 근간인 독립 운동의 역사에 국제적 성격이 들어 있다는 사실에는 변함이 없다.

특히 한국전쟁의 경우가 그렇다. 한국전쟁, 다시 말해 6·25전쟁은 국내에서는 동족상잔의 내전처럼 여겨져 온 경향이 있지만, 사실상은 전형적인 국제전의 성격을 띤다. 한국전에는 16개국 이상이 한국을 위해 참여했을 뿐만 아니라(참전국 16개국, 의료

지원국 (6개국), 미국, 러시아(옛 소련), 중국, 일본 등 한국의 영토적·이념적 분단에 관여한 외세 등에 대한 한국인의 태도와 연결되어 있다는 점에서 그렇다.

전쟁에 참여해 국가를 수호하고 그 과정에 희생당한 이들을 지원하고 희생에 보답하는 행위가 국내적 보훈정책의 근간이듯이, 한국 방어에 도움을 준 국가들 및 참전 용사들에 보답하는 행위는 보훈정책의 국제적 책무이기도 하다. 이들의 도움을 받아 전쟁을 극복한 마당에 호국적 보훈 정책을 국내 관계자에게 적용하는 것으로만 끝나면 안 되는 것이다.

이와 관련하여 국가보훈처에서는 「유엔 참전용사의 명예선양 등에 관한 법률」(2020)도 마련했고, 그에 따라 한국전쟁 참전국과 참전용사에 대한 감사 및 공훈의 선양, 참전용사 후손과의 연계 강화, 참전용사가 묻힌 현충시설 관리 등을 법적 절차에 따라 진행해 오고 있다. 참전국과의 교류 협력도 미국 중심에서 필리핀, 남아공, 터키 등 기존에 교류가 적었던 국가들 쪽으로 확대해 가는 추세이다. 미국과의 교류도 수도(워싱톤D.C.) 중심의 교류에서 주정부들과의 직접 교류를 확대하는 쪽으로도 나아가야 한다는 제언도 나오고 있다.(한국행정연구원, 2018) 이와 관련한 기존의 연구 및 정책적 제안 사항들도 적지 않다.

그뿐 아니다. 한국 보훈의 세 축 가운데 하나인 '자유민주주의의 발전', 다시 말해 민주화 운동의 과정도 그 역사 속으로 들어가 보면 단순히 국내 정치의 문제에 머물지 않는다. 한국 민주화 운동은 국내 독재정권과의 투쟁을 핵심으로 하지만, 한반도의 분단 과정에 영향을 끼친 외세, 가령 미국, 러시아(옛 소련), 중국, 일본 등에 대한 한국인의 태도들이 대립하는 과정과도 연결되어 있다. 한국의 민주화 운동도 어느 정도 국제적 성격과 연계되어 있다는 뜻이다.

민주주의가 일종의 이념을 기반으로 하는 정치 체제라면, 한국의 민주주의에는 이념적 보수와 진보를 근간으로, 독립적 민족주의, 상호적 타협주의, 반사회주의적 배타주의, 대화적 포용주의 등이 복잡하게 얽혀 있다. 그 주요 동력이 북한을 포함해 주변 국가들과의 관계를 어떤 자세로 설정해 가야 하는지와 연동되어 있다는 점에서 성격상 국제적 측면을 지니고 있다. 나아가 민주주의라는 것이 단순히 국내만의 문제가 아니라 인류 공영의 자세와도 연결되어 있다는 점에서, '민주'를 주요 가치로 삼는 한국의 보훈정책이 국제적으로 눈을 돌려야 하는 논리적 이유도 자명하다.

그렇다면 한국의 보훈 정책의 국제적 측면은 실제로 어떤 식으로 드러나고 있을까. '국제보훈'이라는 말로 구체화시키려는 가장 기본적인 행위는 좁게는 한국전 참전국가 및 군인들에 대한 지원과 정신의 선양으로 나타나고 있다. 이와 관련된 국가적 정책도 확장 중이고 관련 연구도 여러 편 나와 있다.* 기존 연구 보고서들에서는 '국제보훈' 혹은 '보훈의 국제화'라는 용어를 한국전쟁의 참가자 및 희생자에 대한 '보은'을 중심으로 개념화하면서 국가 간 외교를 통해 관련 사업을 다각도로 확장시켜야 한다는 주장을 근간으로 하고 있다. 그렇다면 실제로 이러한 국제보훈을 가능하게 하고자 할 때 가장 염두에 두어야 할 것은 무엇일까.

이 책의 첫 장 '보훈의 역사와 철학'에서 살펴본바 있듯이, 사실 보훈정책을 통해 국민통합과 국가 발전에 기여하기까지에는 간단치 않은 난제들이 들어 있다. 그 난제들을 염두에 분명하게 두지 않으면 국제보훈이라는 이름으로 자칫 국내보훈의 이념과 목적(국민통합과 국가발전)마저 답보시킬 가능성이 없지 않다. 이

---

* 한국행정연구원(2018), 한국정책학회(2020), 국가보훈처(2017), 라미경 (2015), 유호근(2016), 형시형·유호근·황태희·김영완(2015), 보훈교육연구원 (2015) 등 참조.

책의 첫 장에서 제기한 문제의식을 반영하면서 보훈의 국제화가 국제적 차원의 평화로까지 나아가도록 하기 위한 기본자세에 대해 정리해 보고자 한다.

2. 한국 보훈의 문제와 과제

「기본법」에 따르면, 보훈의 목적은 최종적으로는 국민통합과 국가발전에 기여하는 데 있다. 그런데 전술했던 보훈의 정신과 가치들, 즉 독립, 호국, 민주, 국민보호 등의 정신과 가치를 협소하게만 받아들이면, 관련 정신과 가치들이 서로 충돌하면서 도리어 국민통합을 저해할 수도 있다. 이 책의 첫 장에서 제기한 바 있지만, 실제로 독립의 정신과 호국의 정신이 충돌하기도 한다. 가령 김원봉은 대표적인 '독립' 투쟁가였지만 초기 북한 건설에 기여했다는 이유로 '호국' 정신에 위배되어 국가유공자가 되지 못했다. 이에 비해 일제강점기 만주국 군인으로서 친일파였지만 해방 이후에는 북한의 남침을 저지하는 데 기여한 백선엽은 호국적 가치에 기반해 국가유공자로 서훈되었다. 이들 사례를 둘러싼 국민적 갈등은 지금도 진행 중이며, 남남갈등의 한 요인으로 작용한다. 보훈이 특정 분야에 대한 개별적 보답에 머물면서, 그것도 '독립'과 '호국'을 공평하게 대하지 않은 채 '호국' 중심적으로 처리하면서 보훈정신이 국민통합에 기여하지 못하는 사례라고 할 수 있다.

다른 한편에서는 '호국'과 '민주'의 정신이 충돌하기도 한다. 가령 민주를 넓게 해석하면서 통일과 평화 지향성을 가지고 대화를 통한 대북 포용적 운동을 하는 이들이 있는가 하면, 민주를 좁게 해석해 반사회주의 혹은 반공산주의적 자세를 지니고 대북 적대적 흐름을 이어가는 이들도 있다. '4.19혁명'과 '5.18광주민주화운동'에 대한 국민적 입장이 완전히 동일하지도 않다. 민주에 대한 통합적 가치를 확보하고 확산시켜서, 동일한 민주의 이름으로 국민통합에 기여하지 못하는 사례를 줄여 가야 하는 것이다.

이런 경우는 다음에서 보듯 국제보훈 분야에도 마찬가지로 적용될 가능성이 크다.

3. 국제보훈, 진영논리를 넘어서라

전술했듯이, 한국전쟁은 남한과 북한만의 문제가 아니었다. 그것은 북·중·러, 한·미·일 등 국가적 이해관계와 이념적 대립 체제에서 발단되었고, 크게 보면 일종의 '동아시아 대분단 체제'(이삼성, 2018; 806-815)[*]와 같은, 이념 갈등과 이해관계에 얽힌 지형 안에서 발생했다. 비슷한 진영 안에 있던 한국전 지원국들과의 교류를 확대하는 것은 한편에서는 당연하고 긴요하지만, 다른 한편에서 보면 자칫 더 큰 진영 대립 혹은 '대분단체제'를 연장시키는 계기가 될 가능성도 있다. 당연히 이러한 가능성을 잠재우는 일이 중요하다. 그래야 '국제보훈'이 평화와 미래를 담보하는 보편적 보훈이 될 수 있다. 참전국 및 참전용사와의 관계 증진 과정에 옛 전쟁 상대국에 대한 적대성을 정당화한다든지 그 관련국에 대한 대립으로 이어가거나 실제로 대립이 격화되는

---

[*] '동아시아 대분단체제'는 이삼성 교수의 표현으로서, 1949년 중화인민공화국의 출범 이후 '미·일의 연합과 중국 간 긴장 구조' 및 '한반도의 휴전선, 대만해협, 옛 베트남 분단선(17도선)을 둘러싼 국지적 분단들'이라는 두 축과 관련해 미·일과 중국이 갈등하고, 상이한 정치사회적 체제와 이념으로 균열이 일어나며, 이를 둘러싼 역사심리학적으로 간극이 벌어지는, 세 요소로 이루어진 거대 지정학적 갈등 상황을 일컫는다.

쪽으로 이어져서는 안 된다는 말이다.

정치학자 박명림이 한국적 국제보훈의 지향과 가치에 대해 다음과 같이 정리한 바 있다: "21세기 한국보훈의 핵심 기조와 방향은 네 가지라고 할 수 있다. 보편보훈, 통합보훈, 미래보훈, 국제보훈이 그것들이다. 우리는 이 중 어느 하나도 소홀히 해서는 안 된다."(박명림, 2021) 이 네 가지 핵심 기조는 서로 연결된, 삼각뿔의 네 면과 같다. '보편'은 '통합', '미래', '국제'와 통하고, '국제'는 '보편', '통합', '미래'와 통한다. '통합'도 '미래'도 어느 하나의 가치와 방향만으로는 확보되지 않는다.

보편적이면서 통합적인 보훈은 보훈의 이름으로 한국전 참전국만이 아닌 전쟁 상대국 및 그 관계 세력과의 관계 개선까지 도모할 때 가능해진다. 그렇지 않으면 국제적 진영 대립은 다시 국내적 갈등의 원인이 되고, 보훈의 목적인 국민통합을 다시 저해할 수도 있다.

예를 들면, 이른바 순국선열, 애국지사들의 항거와 반대의 대상이었던 일본(엄밀하게는 대일본제국), 한때 전쟁의 상대국이자 여전히 이질적 정치 체제를 하고 있는 중국과 베트남 등 공산주의 혹은 사회주의권 분위기가 있는 국가들, 특히 북한과의 관계 개선 없는 국제보훈은 다시 국내보훈마저 침식시키는 부메랑이

될 수도 있다. 국제의 이름으로 미국 참전용사들과의 관계만 개선하다가는 보편과 통합의 영역이 힘들어지고, 북한이나 중국 등으로 인한 전쟁의 희생에만 골몰하면 미래도 어두워진다. 국제보훈은커녕 국내보훈도 다시 어렵게 만드는 계기가 될 수 있는 것이다. 진영을 넘어 다양한 국가들과의 관계 개선에 기여하는 국제보훈이어야 하는 것이다.

4. 인식의 전환이 필요하다

이를 위해 앞에서 말했던 한국 보훈의 네 가지 정신, 즉 독립, 호국, 민주, 국민보호의 차원을 국제적 감각을 가지고 좀 더 보편적으로 확대시켜야 한다. 그러려면 아래와 같은 인식의 전환이 요청된다.

1) '독립'과 관련한 국제보훈

'독립'은 「기본법」의 표현대로 하면 "일제로부터의 조국의 자주독립" 정신을 의미한다. 독립운동을 기억하고 독립정신을 고취하면서 국민통합에 기여하려는 것이 보훈 정책의 주요 목적이다.

그러나 오늘의 '일본국'은 옛 '대일본제국'과는 구분되며, 한국과 정치체제와 이념을 같이 하는 자유교역국이다. 옛 '일제'에 대한 반대와 항거의 정서를 오늘의 '일본국'에게 그대로 적용한다면, 한일관계가 회복되지 못하고 미래세대를 위한 보훈이기는커녕 다시 국내적 갈등의 계기가 된다. 따라서 오늘의 일본에 대한 보훈의 자세는 다음과 같아야 한다.

첫째, 늘 그랬듯이 저항의 역사를 기억하되, 연구와 대화를 통해 미래 지향적으로 일본을 이해하고 한국을 이해시키며, 특히 시민사회적 차원에서 상호 교감의 장을 확보할 수 있도록 지원해야 한다. 그래야 평화, 미래, 보편보훈에 기여한다.

둘째, 일제로부터의 자주독립에 기여한 일본인(과 그 밖의 외국인)의 평화 정신을 선양해야 한다. 가령 고토쿠 슈스이(幸德秋水, 1871-1911), 우치무라 간조(內村鑑三, 1861-1930), 야나이하라 타다오(矢內原忠雄, 1893-1961), 가가와 도요히코(賀川豊彦, 1888-1960) 등, 설령 한국으로 건너와 독립운동에 직접 참여하지는 않았어도, 일본 안에서 일제의 조선 및 대륙 침략과 전쟁을 전면 비판하고 평화운동을 벌인 이들을 '광의의 독립공로자'로 선정해 물질적 지원은 아니더라도 정신적 선양 정도는 해야 한다. 그래야 한국 역사와 이들 공로자 간의 관계성이 긴밀해지고, 평화에 기반한 국제보훈 혹은 보훈의 국제화에 기여할 수 있다.

이를 위해 최근(2021년 8월 26일) 한국을 도와 일했던 아프가니스탄인 391명을 여러 난관에도 불구하고 '특별공로자'(people of merit to the country) 신분으로 한국에 입국시켰듯이, 한국의 독립과 아시아의 평화를 염원했던 일본인들을 일종의 '외국인 특별공로자'(foreign meritorious persons to Korea)' 영역에 포함시키고, 그들의 정신을 선양하며 한국의 보훈 정신과 연계시킬 필요가 있다. 그래야 한국의 국가유공자에 전술했던 쑨원, 장제스, 스코필드, 헐버트 등 다수의 외국인이 포함되어 있는 이유가 오늘날 더 설득력을 얻는다.

셋째, 한일 보훈/원호 정책에 대한 공동 연구를 통해 양국 보훈 정책과 의식 속에 담긴 상호 적대적 요소를 드러내면서 동시에 미래지향적 공통점과 공감대를 확대해 역사적이고 문화적인 차이를 극복하는 계기로 삼아야 한다. 양국의 보훈/원호 정책은 정도의 차이는 있지만 상대방에 대한 적대성을 전제로 하는 경우가 겹친다. 그 겹치는 과거의 적대성을 해소하거나 완화해야만 '국제보훈'이라는 의미와 명분이 정당해질 수 있는 것이다.

2) '호국'과 관련한 국제보훈

국제보훈은 호국의 영역과 관련지을 때 그 명분이 더 명확하게 드러난다. 전술했듯이 한국전쟁 참전국 및 참전자에 대한 지속적 교류와 지원을 기본으로 하면서, 전쟁 상대국과의 관계 회복도 도모해야 한다.

가령 첫째, 베트남전쟁 중 한국군에 의한 피해를 입은 베트남인에 대한 사과와 지원을 병행해야 한다. 베트남이 북한을 '옛 친구'로, 한국을 '새 친구'로 여기듯이, 사과와 지원을 통해 베트남과의 진정한 '새 친구' 관계를 확보하고, 베트남인의 한국에 대한 긍정적 인식을 더 확보해 신남방정책의 교두보를 더 든든히 확보해야 한다.

둘째, 한국전 당시 중국군 상당수가 수장되었다는 화천 파로호(破虜湖)를 중국군 사망자 위령의 공간으로 조성해, 대 중국 관계의 회복과 증진의 기회로 삼을 필요가 있다. 이것을 인근에 있는 '세계평화의 종' 등과 연계해 중국인 관광명소로 만들면 한중 관계와 동아시아의 평화는 물론 지역 및 국가 경제의 활성화에도 기여할 수 있을 것이다.

셋째, 한국전쟁의 원인을 북한만이 아니라, 북미, 미중, 미소,

한일 관계 등이 복잡하게 얽혀 있는 이른바 '동아시아 대분단체제'에서 살피면서, 전쟁 문제도 관련국들과 함께 풀어가야 할 국제적 차원에 있다는 사실에 대한 국민적 인식을 확장시켜야 한다. 그래야 보훈의 국제성과 국민통합이라는 목적에도 기여한다.

넷째, 국경 중심의 근대 국민국가의 개념을 글로벌 시대에 어울리게 개방적으로 상상하면서, 한국전 참전자만이 아니라, 분단체제와 분단 폭력을 해소하고 통일 시대를 준비하는 이들과도 연계해야 한다. 가령 '7·4남북공동성명에서 남북이 합의한 통일 3원칙(자주·평화·민족대단결)에 부합하면서 통일에 헌신한 분들에 대해 남북 간에 합의하고 남북이 공동으로 선양'하고, DMZ 내 전사자의 유해 발굴 중 지뢰 피해를 당한 남북 공동사업단원 등에 대해 통일과 평화의 가치에 입각해 예우할 필요가 있다.(서보혁, 2021) 이것은 통일 시대 보훈제도를 준비하는 데도 크게 기여한다.

다섯째, 국가보훈처의 기조대로 유엔 참전국과의 교류 협력을 위한 네트워크의 확대를 기본으로 하면서, ① 참전국과 교전 상대국의 '보훈관계자 워크숍'을 '인류의 평화'와 같은 주제로 확대하고, ② 참전 용사와 전쟁 상대국 유공자의 후손 간 네트워크 구축 및 이들이 함께 하는 '작은 평화 올림픽'을 개최하며, ③ '인류의 공영에 기여하는 보훈정신'을 주제로 국제 심포지엄을 열고, 국제보훈 교재를 편찬하는 등 이념적 대립 체제를 극복할 수 있는 행사들을 마련해야 한다. 이런 방식으로 '한반도발 국제적 보훈의 모델'을 만들어, 세계의 보훈 문화를 선도할 보편적 보훈 문화의 창출에 기여해야 한다.

3) '민주'와 관련한 국제보훈

'민주주의'에는 문제도 있지만 전 세계를 놓고 보면 많은 국가들의 여전한 대안이다. 무엇보다 한국만의 독특한 보훈대상자인 '민주유공자'는 세계의 민주주의 발전에 유용한 계기를 제공할 수도 있다. 국가유공자의 거의 절대 다수가 제대군인 중심인 해외 여러 나라들에 비하면, 한국의 민주유공자는 대단히 독특한 영역일 뿐만 아니라, 보훈의 세계적 보편성을 확보하게 해줄 중요한 이정표이다.

이런 맥락에서 첫째, 외국에는 없는 한국식 '민주유공자' 개념을 민주주의 지향의 저개발 국가에 알림으로써, 민주 지향적 시민들 간의 연대의 틀을 국제적으로 다지고, 한국적 보훈의 세계화에 기여할 필요가 있다. 그럴 때 보훈의 정신이 국민통합에 기여할 수 있을뿐더러, 세계 시민적 차원의 보편성도 확보할 수 있다. 둘째, 이를 위해서는 보훈 정책 관련자들 자신이 이러한 감각을 가지고 적극 추진할 수 있는 역량을 확보해야 한다. 보훈 관련 공직자들에 대한 국제보훈 교육이 병행될 때 보훈의 국제화가 이루어질 수 있는 것이다.

그렇지 않고 한국 보훈의 국제화가 북한, 일본, 중국 등 한국 보훈의 성립에 관여한 국가들을 배제하는 정책으로 이어진다면 그것은 다시 국내적 상황을 불안하게 하고 국민통합을 불가능하게 만든다. 이를 위해 보훈 정책 관계자는 이상의 관점을 수용하고 추진할 준비가 되어 있는지 늘 물어야 한다. 보편, 통합, 미래, 국제 보훈의 지향점을 더 명확하게 하고 한국 보훈의 지평을 확보하기 위해 국내 보훈 문화의 자기비판을 수용할 역량이 있는지, 한국과 싸웠던 국가들을 포함하여 체제와 이념을 달리 하는 국가나 집단을 어떤 식으로든 수용할 준비가 되어 있는지 물어야 한다. 그럴 때 보훈의 국제화가 앞당겨진다. 이런 방식의 국제보훈 혹은 보훈의 국제화는 보훈의 보편화와 미래화를 견인하면서 오늘 대한민국 보훈의 수준을 고양시키고 다시 나아가게 하는 순환적인 길로 이끈다.

5. 국가유공부에 대한 상상

　이상의 문제의식은 장기적으로는 국가보훈처(Ministry of Patri-ots and Veterans Affairs)를 (가칭)국가유공부(Ministry of Public Meri-torious Persons Affairs)로 확대 개편하고, 국가유공자의 범주와 규모를 세계시민적 민주사회에 어울리는 가치를 위한 희생과 공헌자로 확대하는 문제로 연결시켜야 한다. 나아가 '보훈'의 한국적 의미에 어울리는 적절한 외국어, 특히 영어를 만들어내야 한다. 현재 국가보훈처의 영문명에 담긴 Patriots and Veterans(애국자와 제대군인)는 기본적으로 자국 중심적 자세와 군사적 행위를 중심으로 하는 언어로서, 이 영문명으로는 좁은 의미의 호국은 담아내지만, 민주와 국민보호의 영역까지 담아내기 힘들다. 나아가 인류 공영을 기반으로 하는 국제적 감각까지 진정성 있게 확보하기는 더 쉽지 않다.

　물론 이것은 필자 개인의, 그것도 이상적인 생각이다. 하지만 그런 문제의식을 놓치면 보훈의 이념과 논리가 흐트러진다. 오래 걸리더라도 인류 보편의 가치('가치보훈')에 부합하고, 미래세대를 위한('미래보훈') 적극적 '평화보훈'을 구체화시켜야 한다. 그렇게 보편보훈, 통합보훈, 미래보훈, 국제보훈에 기여해야 한다.

이른바 MZ세대에 어울리는 보훈 문화를 확립해 가야 한다는 다음 장의 내용도 사실상 보훈의 영역을 전 세대에 어울리도록 보편화하는 작업의 일환이며, 그럴 때 보훈의 지속가능성이 확보된다. 한국 보훈의 기초, 즉 독립, 호국, 민주, 국민보호의 정신과 논리에 충실하다면 국내는 물론 국제보훈의 논리도 자연스럽게 확보되고, 세계인이 박수를 보낼 한반도발 미래적 보훈도 앞당겨 이룰 수 있을 것이다.

보훈의 미래: MZ 세대와 어울리는 보훈문화

보상의 보훈에서 지킴의 보훈으로

김병조_ 한신대학교

1. 같은 느낌 다른 모습

2021년에는 여느 해 6월보다 의미 있는 현충일을 맞이하였다. 현충일을 주관하는 국가보훈처가 창설 60주년을 맞는 해였기 때문이다. 이에 국가보훈처는 부처 업무목표를 '국가가 책임지는 영예로운 보훈'으로 정하고 '국가가 먼저 책임지는 보훈체계 정립, 국가유공자의 영예로운 삶 보장, 희생과 공헌의 정신의 기억 및 계승, 국가유공자가 존경받는 사회문화 조성'이라는 4개 분야, 12과제를 선정하였다. 보상, 의료복지, 보훈의식 확산에 이르는 모든 분야의 고른 발전을 통해 '든든한 보훈'을 만들어 나가겠다는 정책을 발표하면서, 새로운 60년을 준비하는 한 해로 선언하였다.*

---

* 2021년 정부 업무보고, 「회복·포용·도약 대한민국 2021」, 보훈처 창설 60주년, '국가가 책임지는 영예로운 보훈' 추진, 국가보훈처 보도자료, 2021. 1. 26

이와 함께 국가보훈처는 앞으로 보훈가족에게 우선적으로 필요한 정책 방향 등에 대한 대국민 설문조사를 '호국보훈의 달'에 맞추어 실시한 후 그 결과를 발표했다. 보훈에 대해 일반 국민들은 응답자의 83.5%가 보훈을 필요한 것으로 인식했고, 76.7%는 긍정적인 이미지를 지닌다고 답했으며, '국가와 사회를 위한 희생과 헌신을 기억하고 감사하는 것'이라는 보훈의 정의에 응답자의 80.5%가 공감하는 것으로 답했다. 하지만 보훈을 '정부가 해야 할 일'로 생각하는 응답자의 비율이 76.7%로 높아, 국민 스스로 보훈을 실천하는지에 대해 응답자의 30%만 긍정적(매우 그렇다 8.2%, 그렇다 21.8%)으로 답변하였다. 그리고 보훈 대상(국가수호·안전보장 활동과 독립운동 등)일 경우, 희생에 대한 경제적 보상과 기념하는 문화 조성이 모두 필요하다고 보면서도 응답자의 66%는 국가와 사회를 위한 헌신에 대한 경제적 보상이 전반적으로 부족하다고 답했고, 48.3%는 기억·감사하는 문화 조성이 되지 않았다고 답변을 한 것으로 조사되었다.[*]

이처럼 국가와 사회를 위해 희생하거나 헌신하신 분들을 기억

---

[*] '보훈의식'이 높으면 애국심과 국가 자긍심이 커진다… 약 80% 공감 - 보훈처, 대국민 '보훈' 인식조사 결과 발표 -, 「국가보훈처 보도자료」, 2021. 6. 29.

하고 감사하는 보훈에 대해 국민 대다수가 동의 혹은 긍정의 마음을 가지고 있으면서도, 국민의 약 80%는 아직도 보훈을 정부가 해야 할 일로 생각하고 있다. 호국보훈의 달을 맞아 실시한 보훈 인식 조사에서 보훈을 마주한 정부와 국민 간의 인식 차이가 크다는 것을 다시금 확인하는 계기가 되었다. 이는 지난 60년 동안 보훈 정책을 국가가 주도적으로 추진한 데서 오는 자연스러운 결과일 수도 있지만, 동시에 국민의식 변화를 살펴보면서 미래 세대와 소통할 수 있는 보훈의 미래를 다각도로 구상해야 할 필요성이 있다는 뜻이기도 하다.

보훈기념일에 대한 인지도 조사에서 현충일은 응답자의 89.9%가 인지하고 있었다. 그런데 현충일은 공휴일이기는 하지만 국경일은 아니다. 정확히는 '국가 추념일'이다. 즉, 나라를 위해 희생한 순국선열(殉國先烈)과 전몰(戰歿) 장병들의 충렬을 기리고 얼을 위로하기 위하여 지정된 한국의 중요한 기념일이다. 매년 6월 6일은 관공서와 각 가정, 민간 기업, 각종 단체에서 조기(弔旗)를 게양한다. 대통령 이하 3부 요인 등과 국민들은 국립묘지*를 참배

---

* 정부 주관의 추념식은 일반적으로 국립서울현충원에서 거행하지만 정부의 판단에 따라 국립대전현충원에서 열리는 경우도 있다.

6610 묵념 캠페인, 6월 6일 10시,
사이렌이 울리면 1분간 묵념해 주세요.
(출처: 국가보훈처)

하고, 오전 10시 정각에 전 국민이 경건한 마음으로 명복을 비는 묵념을 1분 동안 행하는 것이 일반적 모습이다. 이와 함께 한국 사회의 흥미로운 현상의 하나가 유흥업소의 경우 현충일에는 자율적으로 휴무하기도 한다는 것이다. 비록 법적 규제 사항은 아니지만 나라를 위해 몸을 바친 순국선열과 호국영령의 명복을 비는 날인 만큼 경건한 마음을 갖고자 음주가무를 자제하자는 사회적 공론에 따라 유흥업소들 역시 이날 하루만큼은 자율적으로 문을 닫는 것이 업계의 불문율처럼 여겨지고 있는 것이다.*

다른 나라에도 한국의 현충일과 비슷한 날이 있다. 영연방국가와 유럽 여러 나라의 현충일은 11월 11일로 '리멤버런스 데이'(Rememberance Day)라 부르고 있다. 1차 대전이 끝난 1918년 11월 11일을 회상하며 전쟁 희생자를 추모하는 영령기념일의 의

---

* http://www.busan.com/view/busan/view.php?code=20070607000267

미를 갖는다. 미국의 현충일은 메모리얼 데이(Memorial day)라고 한다. 매년 5월 마지막 주 월요일을 메모리얼 데이로 지키는 미국에서는 전장에 나아가 나라를 위해 생명을 바친 순국선열들을 기념하고 기억하는 행사를 전국 단위로 개최한다. 보통 워싱턴 인근 알링턴 국립묘지에서 대통령이 참석한 가운데 기념식을 갖고 전몰장병들을 추모하는 행사를 열며, 주로 작은 도시(Town)별로 메모리얼 데이 당일이나 전날, 퇴역 군인들이 대거 참석하는 퍼레이드와 기념 행사를 개최하는 것이 일반적이다.

하지만, 미국인들에게 있어 메모리얼 데이는 애국심을 고취하는 하루임과 동시에 3일간의 롱위크엔드(Long Weekend)로 1년 중 여름휴가의 시작으로 여기는 사람이 많다. 5월 중 가장 많은 바비큐 용품이 팔려나가는 하루이기도 하며, 가족들이나 친구들과 바비큐 파티를 벌이며 하루를 즐기는 것이 미국 메모리얼 데이의 일상적인 풍경이다.*

공휴일이지만 적어도 정서적으로는 엄숙하고 경건한 분위기로 하루를 보내는 것이 한국의 현충일이라면, 경건한 마음이나 애국심은 메모리얼 데이 퍼레이드나 기념식을 통해 표현하고,

---

* https://www.am1660.com/kradio/board.php?bo_table=loca&wr_id=4047

주어진 휴가를 즐겁게 즐기고자 하는 미국인들의 합리적인 삶의 방식처럼 느껴진다.

한쪽에서는 경건함과 엄숙함을 강조하고 또 다른 한쪽은 축제로서의 일상을 자연스럽게 드러내지만, 현충일이나 리멤버런스 데이, 그리고 메모리얼 데이 모두 나라를 위해 생명을 아낌없이 바친 이들을 기억하고 기념하는 하루인 것만은 분명하다.

국가와 사회를 위해 생명을 바친 이들을 기억하고 기념하는 날을 대하는 한국과 미국의 시민 사회의 모습에서 한국도 국가 주도의 경직되고 강요된 추념식 위주의 행사에서 벗어난, 일상 생활 속 국민과 함께하는 보훈 문화를 만들어 가야 할 필요성을 읽을 수 있게 된다.

이러한 시대적 변화는 최근 신문기사의 사례에서 찾아 볼 수 있다. 한 일간지에서 "800세대 중 한집뿐"이라는 제목으로 2021년 현충일의 태극기 현실을 다룬 기사를 게재하였다.

현충일은 다른 국경일과 달리 조의를 표하는 의미에서 태극기 다는 법이 일반 게양법과 다르다. 현충일은 깃면의 너비(세로) 만큼 내려 다는 '조기'(弔旗)로 게양해야 한다. 게양 시간은 관공서와 공공기관은 오전 7시부터 자정까지 조기를 달아야 하며, 가정과 민간기업, 단체는 오전 7시부터 오후 6시까지 게양

현충일에 올바르게 태극기 달기 캠페인
(출처: 국가보훈처)

하면 된다.

하지만 과거 군사 정권에서 태극기를 지나치게 강조했던 역사적 경험이나, 최근 박근혜 전 대통령 탄핵 당시 '태극기 부대'가 등장한 이후 태극기의 이미지가 탈색되면서 조기 게양에 대한 국민적 관심이 낮아졌음을 기사를 통해 살펴볼 수 있다.

또한, 1인 가구가 늘어나며 집에 국기 게양대 자체가 없는 세대가 늘어난 것도 태극기 게양이 줄어든 이유 중 하나다. 일부 젊은 층은 국기 게양보다는 온라인 서비스인 SNS에 기념 게시물을 올리는 것을 더 선호하는 경향을 보이고 있다.

태극기 게양과 관련해 한 사회학과 교수는 "일본, 중국과의 문제에서는 과거보다 민족주의적인 면을 보이면서도 태극기 게양을 통해 공동체 의식을 기르는 건 철 지난 전통으로 여기는 경향이 있는 것 같다"고 말했다. 또한 "일부 정치세력이 태극기를 정치적인 맥락에서 활용하고 독점해 젊은 층은 거리를 두고 싶어 한다"면서 "국기 게양에 집착하는 것보다 건전한 공동체주의를 지향하는 게 중요하다. 게양은 자발적 선택에 맡겨야 한다"는 견해를 밝혔다.*

이처럼 과거 정부에서 국기 게양을 독려해 역효과가 난 사례에서 살펴본 바와 같이 기성세대들에 강요되던 국가 주도 보훈 행사에 MZ세대들은 큰 관심을 두지 않고 있다. MZ세대로 대변되는 신세대의 성향을 살펴보고 이들의 호응과 관심을 끌어 낼 수 있는 일상 속 보훈 문화 조성 및 확산을 위한 민관 협력의 노력들이 중요한 시점이다. 이를 통해 미래 세대의 공감과 적극적 참여가 당연히 여겨지는 보훈의 미래 모습을 찾아가는 시발점으로 삼아야 하는 것이다.

---

*   https://www.joongang.co.kr/article/24076717#home

2. MZ세대가 생각하는 보훈의 모습

1) MZ세대는 누구인가?

요즘 젊은 세대를 지칭하는 'MZ세대'란 용어가 있다. MZ세대는 1980년대 초반부터 1990년대 초반에 걸쳐 태어난 밀레니얼 세대(Y세대)와 1990년대 중반부터 2000년대 초반 사이에 태어난 Z세대의 합성어이다.* 이 중 밀레니얼 세대는 컴퓨터와 인터넷을 하면서 자란 세대이며, Z세대는 태어나면서부터 스마트폰에 익숙한 디지털 세대이다. 이들은 텍스트보다 이미지와 동영상 콘텐츠를 선호하며, 자신들의 관심사를 공유하고 콘텐츠를 생산하는데 익숙하여 온라인 서비스인 SNS 활동이 자연스럽다. 이들이 세상을 보는 눈이 이전 세대인 베이비붐세대(1946~1964년생)나 X세대(1965~1980년생)**와 확연히 다름에 주의를 기울여야 하는 것이다.

---

* MZ세대의 구분은 미국식이다. 밀레니얼 세대는 윌리엄 스트라우스가 『세대들, 미국 미래의 역사』에서 처음 쓴 용어로, 1980년대 초반~2000년대 초반 출생자를 가리킨다. Z세대는 영미권 학자들이 20세기에 태어난 마지막 세대라며 1996~2010년에 태어난 인구집단으로 구분했다.

** 서울대학교 인구학연구실 자료는 한국사회의 현실에 맞는 세대 구분을 1차 베이비부머(1955~1964년), 2차 베이비부머(1965~1974년), X세대(1975~1984

MZ세대의 인구 비율은 어느 정도일까? 행정안전부에 의하면 2021년 4월 기준 밀레니얼 세대가 22%, Z세대가 14%로 우리나라 총인구의 36%를 차지하고 있다. 경제활동 인구에서 MZ세대가 차지하는 비중은 45% 가량으로 직종에 따라 60%를 넘는 경우도 있다. 최근 네이버나 카카오 직원들이 창업주에게 직접 공정 보상을 요구했던 사례들에서 볼 수 있듯이, 소셜 미디어와 온라인 게시판을 이용해 자신들의 의견을 표현한다. 직장에서 기성세대는 MZ세대를 이해하지 못하겠다고 한다. MZ세대는 일과 삶의 균형을 뜻하는 '워라밸(Work and Life Balance)'를 중시해 야근 없는 정시 퇴근을 선호한다. 회식을 '업무의 연장'이라고 보는 기성세대와 달리 단체 회식에는 참석하지 않지만, 모르는 사람들과 거리낌 없이 소모임은 한다. MZ세대는 가성비보다 가심비(가격 대비 심리적 만족감)를 중시하여 지갑이 얇으면서도 외제차를 몰고, 명품이나 한정판 제품에는 오히려 과감하게 지갑을 연다. 그러면서 남이 쓰던 중고 물품을 구매하는 데 거리낌이 없다. 10명 중 8명이 '당근마켓'의 주 이용자이다. 이들의 소비 행

　　년), 밀레니얼세대(Y세대)(1985~1996년), Z세대(1997~2010년대 초반)로 정의하고 있다.

태를 '세컨슈머(secondsumer)'라고 하며, 자기가 가치 있다고 생각하는 일에는 지갑을 활짝 연다. 운동화 한 켤레를 100만 원을 주고 사는 세대이다.*

MZ세대가 새로운 문화에만 관심을 두는 것은 아니다. 밈(meme)**, 즉 문화적 유전자를 이어온다는 점에서는 복고적인 듯한 경향도 있다. 버거킹이 광고로 만들어 큰 효과를 본 '사딸라'와 '묻고 더블로 가'는 예전의 인기 프로인 '야인시대'와 '타짜'에서 나온 대사를 이용한 것이다. 이런 현상을 보면서 오륙십대는 젊은 시절 자신들이 즐기던 문화를 '복고'라는 표현으로 부활시켜 과거의 추억을 회상하곤 한다. '7080 음악' 열풍이 불고, 미사리 등지의 카페촌이 유행하면서 성업을 하던 적이 있었다.

그러나 MZ세대는 과거를 단순히 복고하지 않는다. 거기에 의미를 더하고, 변조시켜 새로운 디지털 문화 유행을 선도하는 성

---

* http://www.kamnews.co.kr/news/articleView.html?idxno=5209

** 밈(Meme)은 1976년, 진화생물학자 리처드 도킨스(Clinton Richard Dawkins)의 〈이기적 유전자〉에서 문화의 진화를 설명할 때 처음 등장한 용어로, 모방을 뜻하는 그리스어 미메시스(mimesis)와 유전자(gene)의 합성어다. 밈의 하위 개념이라 할 수 있는 인터넷 밈(internet meme)은 기존의 유행어와 행동 등을 모방 또는 재가공해 인터넷에 사진이나 영상 등으로 재생산되는 디지털 유행 현상을 총칭한다.

향을 가지고 있다. 여기서 주목할 만한 점은 네티즌의 자발적 공유와 확산 행위를 통해 생겨나고 소멸하기를 반복하던 밈이, 이제 재미와 보람을 중요시하고 느슨한 연대를 즐기는 세대와 기술의 발달이 만들어 놓은 놀이문화를 넘어, 현실세계의 비즈니스 트렌드를 좌우하는 축으로 성장하고 있다는 점이다.[*]

MZ세대는 솔직하면서 재미있게 일하고 싶어 한다. 꼰대 문화가 지배하는 곳에서는 못 견딘다. 연봉이 높고, 안정적인 회사라도 꼰대 문화가 지배하면 망설임 없이 직장을 그만둔다. 정치 성향도 학연, 지연, 혈연보다 느슨한 관계를 추구하는 '후렌드 세대'이다. 후렌드는 후(Who)와 친구(Friend)의 합성어로 누구와도 친구가 될 수 있다는 말이다. 다양한 만남과 삶을 추구하는 '다만추'이다. '다만추'의 특성은 자신의 작은 행동이 많은 부분에 영향을 미칠 수 있다는 의식에서 출발한다. MZ세대가 동물복지, 환경 문제에서 적극적으로 행동하는 모습도 행동의 영향력을 높게 평가하는 그들의 의식을 엿볼 수 있는 사례[**]라 할 수 있다.

2021년, 즉 '미래 보훈' 60년을 준비하는 원년에 우리가 MZ

---

[*]   https://news.skhynix.co.kr/2254

[**] http://chunchu.yonsei.ac.kr/news/articleView.html?idxno=27373

세대에 더욱 주목해야 하는 이유가 있다. 포노 사피엔스(Phono Sapiens)*로 대변되는 MZ세대와 공감할 수 있는 일상 속 보훈 문화를 만들 수 있다면, 그 어느 세대보다 적극적으로 공훈을 지키고 보존하는 보훈(保勳)의 의미와 가치를 공유하며, 이를 주변 모두와 함께 하는 보훈 문화화에 큰 영향력을 행사할 수 있기 때문이다. 보훈 문화화는 공훈에 대한 가치평가와 선양을 중시하는 가치적 보훈(保勳)**을 계승하기 위한 문화 형성 과정을 의미한다.

2) MZ세대의 국가보훈의식

현재 우리가 살아가고 있는 현대사회의 변화 속도는 21세기 이

---

* 영국 경제 주간지 『이코노미스트』가 '지혜가 있는 인간'이라는 의미의 호모 사피엔스에 빗대어 '지혜가 있는 전화기'라고 부른 데서 시작된 '스마트폰(smartphone)'과 '호모 사피엔스(homo sapiens: 인류)'의 합성어이다. 사전적으로 포노 사피엔스는 "스마트폰의 등장으로 시공간의 제약 없이 소통할 수 있고, 정보 전달이 빨라져 정보 격차가 점차 해소되는 등 편리한 생활을 하게 되어 스마트폰 없이 생활하는 것이 힘들어지는 사람이 늘어나면서 나타난" 용어다.

** 우리나라 보훈제도는 생계지원의 원호(援護)에서 공훈보상의 보훈(報勳)으로 발전해 왔으나, 현재 고령화 심화로 지원대상자가 현저히 감소하고 있는 상황이다. 일상에서 사라져 가는 공훈자의 가치와 의미를 지키고 보존하기 위한 보훈(保勳)으로의 가치 전환이 필요하다.

전과는 차원이 다르다. 시대를 대표하는 주류 세대의 특징도 확연한 차이를 보이고 있다. MZ세대는 사회에 순종하는 기성세대와 달리 직접 사회 변화를 주도한다는 특징을 지니고 있다. 경제·문화 분야를 넘어 정치 분야에서도 MZ세대의 영향력은 무시할 수 없는 수준에 이르렀다. 일례로 롯데카드가 롯데백화점에서 해외명품 브랜드를 구매한 고객 데이터를 분석한 결과 지난해 20·30대 고객의 비중은 30.8%로 2019년 27.1% 대비 3.7%P 증가했다. 구매력이 가장 높은 40·50대는 오히려 0.6%P 감소했다. 또한 4·7 재보궐선거 결과에서도 '이대남·이대녀'의 정치적 영향력은 현 정치의 패러다임을 순식간에 바꿔놓았을 정도다. 각 정당들은 20대 남녀의 목소리에 귀를 기울이고 있고 이들의 요구를 적극 반영한 공약들을 내놓고 있다.* 한편에서는 이를 두고 기성세대를 차별한다는 불만의 목소리가 팽배하고 있다.

　이러한 맥락에서 우리 사회의 주류세대로 자리 잡아가는 MZ세대의 보훈 의식은 기성세대와 어떤 차이를 보일까 하는 궁금증을 가져 본다.

　2016년 5월에 발표된 "국가보훈의 경제적 가치와 효과" 연구

---

*　https://www.skyedaily.com/news/news_view.html?ID=129941

(2015.8.11~12.8) 결과에 따르면, 우리 국민들의 보훈의식을 1% 증가시키면 사회 갈등 요인을 1.59% 감소시키는 효과를 갖는 것으로 조사되었다. 사회통합의 제고를 위해서는 보훈의식 강화를 위한 정책 노력이 요구되는 이유이다. 국가보훈처는 2004년부터 매년 '보훈 의식 조사'를 통해 보훈 의식을 지수화하여 조사하였으며, 2013년부터 2017년까지는 지표 개선을 통해 '나라사랑의식 지수'로 새롭게 구성하여 조사를 수행했다.

2017년 나라사랑의식 지수 조사 결과를 보면, 국가 위기 상황에서 적극적 참여 의사를 밝힌 경우보다는 소극적인 의사를 표

〈표 1〉 연령별 국가 위기시 극복 참여 의향 조사 결과(단위: %)

	표본수 (명)	전혀 동참하지 않는다 ①	별로 동참하지 않는다 ②	보통이다 ③	어느 정도 동참 하겠다 ④	적극 동참 하겠다 ⑤	동참하지않는다 ①+②	보통 ③	동참하겠다 ④+⑤
합계	1,000	1.7	1.6	13.2	36.0	47.5	3.3	13.2	83.5
15-19세	66	3.6	3.9	15.9	44.3	32.2	7.6	15.9	76.5
20대	151	1.9	1.3	17.2	37.0	42.6	3.1	17.2	79.7
30대	165	2.6	0.8	12.1	44.2	40.3	3.4	12.1	84.6
40대	194	2.3	1.4	9.5	37.1	49.6	3.8	9.5	86.7
50대	189	0	2.5	8.7	31.9	56.8	2.5	8.7	88.8
60대 이상	235	1.1	1.1	17.5	29.5	50.8	2.3	17.5	80.3

출처: 2017년도 국가보훈처 나라사랑의식지수 조사 보고서

명한 집단의 그룹이 더 크다고 판단할 수 있고, 특히 30대 이하 젊은 층의 적극 참여 의사가 40대 이상의 중년층 이상의 그룹보다 현저히 낮게 나와 상당히 대조적인 양상을 보이고 있다.

전쟁이 일어났을 때 지원 의향을 밝힌 결과에서도 30대 이하 젊은 층보다는 40대 이상 중년층 이상에서 좀 더 적극적인 참전 의향을 가진 것으로 조사되었다.

〈표 2〉 연령별 전쟁 발발시 지원 의향 조사 결과(단위: %)

	표본수 (명)	전혀 지원하지 않는다 ①	별로 지원하지 않는다 ②	보통이다 ③	어느 정도 지원하겠다 ④	적극 지원하겠다 ⑤	지원하지않는다 ①+②	보통 ③	지원하겠다 ④+⑤
합계	1,000	2.6	4.0	19.3	31.3	42.8	6.6	19.3	74.1
15-19세	66	4.8	7.5	34.8	25.5	27.3	12.3	34.8	52.9
20대	151	3.3	5.6	28.8	30.4	31.8	9.0	28.8	62.2
30대	165	4.2	4.3	28.2	32.4	30.8	8.6	28.2	63.2
40대	194	2.6	1.4	15.1	39.4	41.5	4.0	15.1	80.9
50대	189	0.5	4.3	11.3	28.6	55.2	4.8	11.3	83.9
60대 이상	235	2.0	3.8	12.4	28.3	53.6	5.7	12.4	81.9

출처: 2017년도 국가보훈처 나라사랑의식지수 조사 보고서

그러나 국가유공자 존경 정도를 묻는 조사에서는 30대 이하 젊은 층에서 적극적인 존경을 표시하고 있으나, 40대 이상 중년

층에서 다소 소극적 존경을 표시하는 것으로 조사되었다.

<표 3> 연령별 국가유공자 존경 정도 조사 결과(단위: %)

	표본수 (명)	전혀 존경하지 않는다 ①	존경하지 않는다 ②	보통이다 ③	존경한다 ④	매우 존경한다 ⑤	존경하지않는다 ①+②	보통 ③	존경한다 ④+⑤
합계	1,000	0.7	2.0	17.1	36.9	43.3	2.6	17.1	80.2
15-19세	66	1.2	1.5	14.2	31.2	51.9	2.7	14.2	83.0
20대	151	0.7	1.2	17.9	24.5	55.7	1.9	17.9	80.2
30대	165	0.6	0	16.3	44.6	38.5	0.6	16.3	83.1
40대	194	1.5	1.9	17.9	37.3	41.3	3.5	17.9	78.6
50대	189	0	3.6	18.8	41.5	36.1	3.6	18.8	77.6
60대 이상	235	0.4	2.7	16.0	37.0	43.9	3.1	16.0	81.0

출처: 2017년도 국가보훈처 나라사랑의식지수 조사 보고서

이상 연령별 '나라사랑의식지수' 조사 결과를 종합해 보면, 40대 이상 중년층은 참전, 민주화 운동, 그리고 IMF 외환위기 등과 같은 국가적 위기상황을 직·간접 경험해 봄으로써 위기 극복에 대한 의지가 높게 나타났다. 반면, 30대 이하 젊은 층은 그와 같은 국가 위기 상황을 경험해 보지 못해, 참여 의지가 낮게 나타난 것으로 해석해 볼 수 있다. 그나마 희망적인 조사 결과는 30대 이하 젊은 층이 국가유공자에 적극적 존경 정도를 보이고 있

는 것이다. 이러한 국민의식이 계속 계승될 수 있도록 미래 세대와 함께하는 보훈 문화 정책을 추진하는 것이 국가보훈처의 당면 과제라 할 수 있다.

최근 조사된 보훈의 의미에 관한 국민인식(2021년 5월 25일~30일)에서도 개인의 보훈 의식 수준에서 30대 이하 젊은 층보다는 40대 이상 중년 층에서 적극적 의지를 보이고 있다. 60대가 보훈의식 수준이 가장 높으며 연령대가 낮아지면서 보훈의식 수준이 소극적으로 변하고 있다.

〈표 4〉 연령별 개인(본인)의 보훈의식 수준 조사 결과(단위: %)

	표본수 (명)	매우 낮다 ①	다소 낮다 ②	보통이다 ③	다소 높다 ④	매우 높다 ⑤	낮음 ① +②	보통 ③	높음 ④ +⑤
합계	2,000	2.4	17.3	49.0	25.7	5.7	19.7	49.0	31.4
18-29세	406	4.2	21.4	51.0	19.5	3.9	25.6	51.0	23.4
30-39세	165	3.4	23.6	52.2	16.5	4.2	27.0	52.2	20.8
40-49세	194	2.3	15.2	48.7	29.4	4.4	17.5	48.7	33.8
50-59세	189	1.1	16.1	47.8	28.5	6.5	17.3	47.8	35.0
60-69세	235	1.1	10.2	45.5	33.9	9.4	11.3	45.5	43.3

출처: 2021년도 국가보훈처 보훈의의미에 관한 국민인식조사

보훈대상자를 위해 국가와 사회가 기억하고 감사하는 문화를 조성하고 있는지 평가한 결과 긍정적 평가(51.8%)와 부정적 평가(48.3%) 비율이 비슷한 것으로 확인되었다. 그러나 연령대가 낮아질수록 부정적 평가 비율이 높아지고 있음을 주목해야 한다. 60대 부정적 평가비율은 38%였으나, 40대 47.6%, 18~29세에서는 부정적 평가가 60.1%로 크게 높아짐을 살펴볼 수 있다. 왜 연령대가 낮아질수록 보훈문화 조성 수준에 부정적 평가를 보일까? 그 이유는 미래 세대, 즉 MZ세대의 특징을 인지하지 못하고, 현충시설 참배 위주 국가 주도 행사, 공훈 보상 대상자 중심

〈표 5〉 연령별 보훈문화의 조성 수준 평가 조사 결과(단위: %)

	표본수 (명)	전혀 그렇지 않다 ①	그렇지 않은 편이다 ②	그런한 편이다 ③	매우 그러하다 ④	부정적 ①+②	긍정적 ③+④	보통 ③	높음 ④+⑤
합계	2,000	6.4	41.9	46.5	5.3	48.3	51.8	49.0	31.4
18-29세	406	12.8	47.3	34.7	5.2	60.1	39.9	51.0	23.4
30-39세	165	8.1	45.2	41.9	4.8	53.4	46.6	52.2	20.8
40-49세	194	4.0	43.6	48.0	4.4	47.6	52.4	48.7	33.8
50-59세	189	3.6	38.8	51.6	6.1	42.4	57.6	47.8	35.0
60-69세	235	3.6	34.4	55.9	6.1	38.0	62.0	45.5	43.3

출처: 2021년도 국가보훈처 보훈의의미에 관한 국민인식조사

보훈 정책 등 MZ세대가 체험하고 공감할 수 있는 보훈행사, 보훈 관련 프로그램을 찾기가 어렵기 때문이다.

보훈의 미래를 다시금 생각해 본다면 지금이라도 MZ세대와 공감할 수 있는 보훈 문화 확산을 위한 정책 마련이 필요하다.

3. MZ세대가 공감하는 보훈

최근 출간된 『결국 Z세대가 세상을 지배한다』(김용섭 지음, 퍼블리온)라는 책에서 지금의 10~20대인 Z세대들이 디지털 신문명의 주인공으로 급부상하면서 한국사회의 정체성 변화에 영향력을 미칠 것으로 예상하고 있다. 어리고 철없어 보이는 '요즘 애들'이 위기의 대한민국을 바꿀 '미래 권력'임을 통찰하고 있다. 이들 Z세대를 통해 미래를 진단하고 변화할 세상에 대비하게 하는 것이다.[*]

2021년 현재 MZ세대의 인구수는 1천900만 명으로 전체 인구의 36.7%를 차지한다. 경제활동 인구에서 MZ세대가 차지하는 비중은 45% 가량으로, 향후 이들의 비중은 지속적으로 높아질

---

[*] https://www.mk.co.kr/news/culture/view/2021/08/772402/

수밖에 없다. 게다가 밀레니얼 세대는 내년에 40대에 진입해 더이상 20대를 대표하는 그룹이 아니며, 따라서 수년 내에 Z세대가 20대를 완전 장악하게 된다.

이러한 흐름에 부응하듯 보훈을 접하는 대상자 또한 젊어지고 있다. '젊은 보훈'에 대비하여 국가보훈처와 지청들은 디지털 사회의 주인공으로 부상하는 MZ세대에 발맞추어 이들과 공감할 수 있는 다양한 노력들을 보이고 있다. 일례로 서울지방보훈청에서는 2020년 OTT(Over The Top)*시장에 적합한 보훈 미디어 콘텐츠를 제작해 보훈 콘텐츠 소비층을 확보하며 보훈 관련 공감대 확장에 노력하고 있다. 2021년에는 서울지방보훈청 자체 보훈 유튜브인 '국대가 간다'를 개설해 유튜브 플랫폼을 활성화시키고 이를 통해 보훈공감대의 외연을 확장시키는 데 집중하고 있다. '국대가 간다' 유튜브는 현정화, 김택수 등 전 국가대표 선수들과 인플루언서들이 출현해 나라 사랑을 주제로 다양한 스토리를 소개한다.

---

* OTT(Over The Top) 서비스란, 기존의 통신 및 방송 사업자와 더불어 제3 사업자들이 인터넷을 통해 드라마나 영화 등의 다양한 미디어 콘텐츠를 제공하는 서비스로, 넷플릭스(Netfilx) 등이 대표적 OTT 서비스 사업자이다.

대구지방보훈청은 미래 세대인 MZ세대를 대상으로 하는 특색 있는 선양 활동에 주력하고 있다. 먼저 보훈의 스토리를 더한다는 의미에서 지역사회에 숨어 있는 호국의 스토리를 찾아내 이를 알리도록 노력하였다. 지역에 숨겨진 호국의 슬픈 이야기를 발굴하여 청소년들에게 알리고자 '돌아오지 않는 야구소년들'이라는 제목으로 과거 대구상고(현 상원고등학교) 야구부 이야기를 웹툰으로 제작하였고, 또한 이를 역사 강사인 최태성 씨의 강의를 통해서 영상으로 제작하여 온라인으로 배포하였다. 또한 청소년들을 대상으로 한 새로운 콘텐츠를 개발하였는데, 기념일마다 시계면이 바뀌는 애국 스마트 워치 페이스 '그날 태극으로 물들다'를 제작하여 널리 전파하고 있다.

국가보훈처는 MZ세대(청소년) 보훈운동가 성장 프로젝트 사업으로 미디어 컨텐츠 제작·배포 활동을 통해 모두가 '나라 사랑 주

대구지방보훈청이 호국보훈의 달을 맞아 배포한 스마트워치 페이스. '스마트워치 페이스'는 평소에는 단순한 시계 배경이 기념일마다 태극 문양으로 물이 들고, 국기 게양 알림이 뜨도록 제작됐다.

인의식'을 함양할 수 있도록 지역 사회에 재능을 기부하고, '호국 보훈 영웅의 정신'을 본받아 MZ세대가 이어갈 수 있도록 주도하는 프로젝트 기획단인 청소년 보훈기획단-커넥터(Connector) 모집을 통해 MZ세대가 공감하는 보훈 문화 사업을 실시하고 있다.

이와 함께 국가보훈처는 2021년 「정부혁신 실행계획」에서 MZ세대가 우리 사회에 미치는 영향력을 간파하고, 과거에 학생·군인 등 참석자를 다수 동원하던 대규모 운집 및 관람 형식의 일방향 행사에서 탈피해 온라인 콘텐츠로 시민들의 자발적인 관심과 참여를 유도하고, 전연령·전계층을 어우르는 범정부적 기념행사로의 변화를 준비하고 있다. 또한 MZ세대 공무원을 중심으로 정부 혁신 어벤저스 운영을 통한 창의적·적극적 조직문화 혁신활동을 전개하고 있다.

이처럼 국가보훈처와 각 지청들에서 MZ세대와 소통하려는 작은 시도들은 계속되어야 한다. 엄숙성을 강조하는 국가 주도 보훈문화는 개인 희생이 강조되었던 기성세대의 분위기에서는 인정되어 왔으나, '느슨한 연대', 다양성, 사회참여, '후렌드' 등 MZ세대를 특징하는 용어에 함축되어 있듯이 국가 주도 형식의 강요된 보훈문화는 더 이상 미래 세대의 관심과 참여를 이끌어 내지 못할 것이다. '현충일'과 '메모리얼 데이'를 대하는 한국과 미국 시민들이 보여주는 '같은 느낌'·'다른 모습'에서 우리가 만들어 갈 보훈문화는 어때야 하는지 그 이정표는 분명하다. 가까운 미래 한국 사회의 주류가 될 MZ세대가 공감하고 참여할 수 있도록 해야 한다. 이들의 참여를 기반으로 공훈자를 지켜주고 그들의 희생정신을 보존하는 보훈(保勳) 문화를 이끌어 내야 하는 것이다.

이를 위해 기존 국가 주도의 선양이 아닌 일반 국민과 함께 생활 속 보훈 문화를 조성하는 거버넌스를 구축하고 미래 세대가 공감하는 진정한 보훈을 실천할 수 있도록 섬세한 계획을 마련하는 일이야말로 미래 보훈 60년의 초석이 될 것이다.

[참고문헌]

□ 보훈의 역사와 철학, 그리고 과제_이찬수

고창민. 2019. "신라 진평왕대 상사서 설치와 전공 포상". 서강대학교 사학과
　　　한국사전공 석사학위논문(2019.12).
국가보훈처. 2011. 『보훈50년사: 1961-2011』. 국가보훈처.
김명화. 2020. "조선 후기 충훈부(忠勳府)의 공신자손(功臣子孫) 파악과 수단(收
　　　單) - 『충훈부등록(忠勳府謄錄)』과 공신자손세계단자(功臣子孫世系單子)
　　　를 중심으로". 『고문서연구』 제56권(2020.02).
김연철. 2018. 『70년의 대화』. 창비.
김종성. 2005. 『한국보훈정책론』. 일진사.
김학재. 2020. "통합". 김성철·이찬수 편. 『평화의 여러 가지 얼굴』. 서울대학
　　　교출판문화연구원.
박우현. 2012. "고려시대 전공자 예우 연구". 한국교원대학교 역사교육전공
　　　석사학위논문(2012.02).
이찬수. 2018. "공동체의 경계는 어디까지일까". 『아시아평화공동체』. 모시는
　　　사람들.
이찬수. 2019. "혐오, 차별, 그리고 종교: 실선에서 점선으로". 『우리 시대 혐
　　　오를 읽다』. 철수와영희,
이찬수. 2020. "대화". 김성철·이찬수 편. 『평화의 여러 가지 얼굴』. 서울대학
　　　교출판문화원.
이효원. 2018. 『평화와 법』. 모시는사람들.
임수진. 2021. "북한사회의 집단적 자기화-타자화 담론 연구". 서울대학교 사

회학과 박사학위논문(2021.02).

유준기. 2003. "조선시대의 보훈제도 연구", 『한국보훈논총』 1-2(통권2).

정동준. 2020. "민주주의". 김성철·이찬수 편. 『평화의 여러 가지 얼굴』. 서울
　　대학교출판문화원.

한상도. 2006. 『대륙에 남긴 꿈: 김원봉의 항일역정과 삶』. 역사공간.

Habermas, Jürgen. 장춘익 역. 2006. 『위사소통행위이론』. 나남출판.

Habermas, Jürgen. 한승완 역. 2004. 『공론장의 구조변동』. 나남출판.

Mosse, George Lachmann. 오윤성 역. 2015. 『전사자 숭배: 국가라는 종교의
　　희생제물』. 문학동네.

Niebuhr, Reinhold, 이한우 역. 2009. 『도덕적 인간과 비도덕적 사회』. 문예출
　　판사.

Prendergast, David. 2019. "The judicial role in protecting democracy from
　　populism". German Law Journal, vol. 20.

Schumaker, Paul. 조효제 역. 2010. 『진보와 보수의 12가지 이념』. 후마니타스.

□ 보훈법률과 제도, 내용과 의미_ 김명수

강경근, 2007, 「병역의무를 마친 자에 대한 채용시 가산점 부여의 헌법적 판
　　단」, 『군 가산점제도 도입 관련 공청회 자료집』, 제269회 국회(정기회)
　　제1차 국방위원회.

김문조, 2005, 「신국가보훈 의식발전계획과 수립」, 국가보훈처, 고려대 한국
　　사회연구소.

김명수, 2016, 「국가보훈제도의 헌법적 고찰」, 『공공사회연구』, 제6권 제3호,
　　한국공공사회학회.

김명수, 2017, 「경제질서와 사회국가원리에 대한 재조명" 『공공사회연구』7(2).

김일환, 2013, 「국가유공자예우법상 의료지원 제한에 관한 헌법상 검토" 『성균
　　관법학』25(3).

김종성, 2006, 『한국보훈정책론』, 서울: 일진사.

김철수, 2010, 『헌법학개론』, 박영사.

법제처, 2010, 헌법 주석서 II.

송미원, 2004, 「국가보훈행정 관련법에서 나타난 정책변화에 관한 연구」, 『한국보훈논총』3(2)권 제2호.

전광석, 2000, 「국가유공자보상에 대한 헌법적 보호의 가능성"『헌법학연구』6(4).

전수미, 2021, 「남한의 보훈과 통일」, 『일감법학』 48.8.

정숙경, 2009, 「국가보훈 의식의 선진화 방향과 과제"『한국보훈논총』8(3)호.

조규범, 2012, 「병역의무이행자에 대한 공무원 채용할당제의 쟁점」, 『이슈와 논점』 제362호, 국회입법조사처: 1-4.

헌재 1990, 1, 6, 89헌마269, 판례집 2.

헌재 1993, 3, 11, 92헌바33, 판례집 5(1).

헌재 1995, 7, 21, 93헌가14, 판례집 7(2).

헌재 2002, 12, 18, 2002헌마52, 판례집 14(2).

헌재 2010, 5, 27, 2009헌바49, 판례집 22(1하).

□ 국가보훈정책: '정책'으로서의 보훈복지_ 황미경

강신욱, 노대명, 우선희, 2012, 「한국의 사회통합의식에 대한 연구」, 한국보건사회연구원.

김미곤 외, 2014, 「사회통합 실태진단 및 대응방안 연구-사회통합과 국민행복을 중심으로」, 한국보건사회연구원.

노대명, 강신욱, 전지현, 2010, 「한국 사회통합지표 연구⑤」, 한국보건사회연구원.

노대명, 이현주, 강신욱, 강은정, 전지현, 이은혜, 2009, 「사회통합을 위한 과제 및 추진전략」, 한국보건사회연구원.

박종철, 2004, 「통일 이후 갈등해소를 위한 국민통합 방안」, 통일연구원.

보건복지부·한국보건사회연구원, 2021, 「제1차 돌봄안전망 혁신·통합 포럼: 돌봄의 기본 가치와 철학」, 돌봄정책의 미래.

보건복지부, 2019, 「제2차 사회보장 기본계획」(2019-2023).

보건복지부, 2018, 「지역사회 통합돌봄(커뮤니티케어) 선도사업 추진계획(안).

정해식, 김성아, 2015, 「OECD BLI 지표를 통해 본 한국의 삶의 질」, 보건복지 포럼, 227, 보건복지포럼.

정해식, 김미곤, 여유진 외, 2014, 「사회통합정책영향평가 지표개발 기초연구」, 한국보건사회연구원.

조병구, 이용수, 이경영, 이승주, 어수하, 박명호, 2015, 「국민통합 지표의 개발과 응용」, 경제인문사회연구회.

황미경·김종우, 2021, 「보훈복지의료 통합과 맞춤형 돌봄」.

황미경, 2021, 「보훈복지의료 지역사회 통합돌봄 정책 모형 연구」, 『한국보훈논총』, 제20권 제2호.

황미경, 2020, 「보훈복지대상자의 보훈급여금과 기초연금의 형평성 연구: 보상의 원칙과 적절성의 회복」, 『한국보훈논총』, 제19권 3호.

황미경, 2015, 「지방자치단체의 보훈복지 서비스전달체계 확립과 통일복지거버넌스 구축」, 『한국보훈논총』 제14권 제3호.

한국보훈복지의료공단 홈페이지 https://www.bohun.or.kr/

국가법령정보센터 홈페이지 https://www.law.go.kr/

□ 보훈복지, 현황과 과제_ 윤승비

윤승비, 2021, 「고령자 증가에 따른 보훈요양원 효율적 운영방안」『보훈연구』통권19 10(1)

윤승비, 2021, 「보훈급여금 정책효과 증진과 불평등 해소를 위한 공제기준

재검토, 보훈정책브리프」Vol.7, 한국보훈복지의료공단 보훈교육
연구원.

윤승비, 2021,「보훈급여금과 기초연금 운용의 합리적 방향 모색」,『보훈논총』
통권58 20(1).

□ **보훈의료**_ 정태영

Asaria P, Chisholm D, Mathers C, Ezzati M, Beaglehole R, 2007, Chronic
disease prevention: health effects and financial costs of strategies
to reduce salt intake and control tobacco use, Lancet, 370(9604), pp.
2044-2053.

OECD, 2012, Health care quality Review: Korea.

건강보험연구원, 2020,「공공의료 확충의 필요성과 전략」.

김대진, 2017,「노인성 만성질환 연구의 새로운 패러다임 및 정책 제언」, 보건
의료R&D전문가리포트, 한국보건산업진흥원.

김병조, 2020,「보훈의료복지통합서비스 사업 성과평가체계 개편방안에 관한
연구」,『보훈연구』9(1), 33-74쪽.

김유일, 홍지영, 김경우, 고유라, 성낙진, 2013,「우리나라 보건의료에서 일차
의료 연구의 필요성과 활성화 방안」,『대한의사협회지』, 56(10), 899-
907쪽.

김종성, 2005,『한국보훈정책론』, 일진사.

딜로이트, 2020,「COVID-19가 촉진한 원격의료」.

손경복, 신자운, 임은옥, 이태진, 김홍수, 2015,「한국의 노인의료비 지출과 결
정요인: 연구 현황과 과제」,『보건경제와 정책연구』21(1), 51-77쪽.

유승흠, 1988,「전국민의료보험제도 하에서 의료 전달 체계와 병원관리」,『대
한병원협회지』, 158호, 34-40쪽.

정태영 등, 2020,『보건으로 읽는 보훈』, 모시는사람들.

정태영, 2020,「포스트 코로나 시대와 디지털 헬스 동향, 보훈정책브리프」
　　　Vol.1, 한국보훈복지의료공단 보훈교육연구원.
정태영, 김용민, 정기택, 2013,「척추질환자의 의료기관 정보탐색행태와 탐색
　　　성과」,『한국보건행정학회지』, 23(3), 266-280쪽.
한국소비자원, 2014,「한국의 소비생활지표로 본 의료소비자의 인식과 정책적
　　　시사점」.
한달선, 2005,『의료체계탐색』, 한학문화사.

□ 보훈 선양과 교육, 그리고 문화_ 서운석

국가보훈처, 2011,『보훈 50년사』, 서울: 국가보훈처.
국가보훈처, 2017,『나라 사랑의식지수 조사 보고서』, 세종: 국가보훈처.
김종성, 2005,『한국보훈정책론』, 서울: 일진사.
김종성, 2017,「국가유공자 보상 및 예우 강화」,『행정포커스』130.
보훈교육연구원, 2013,『나라 사랑교육』, 수원: 보훈교육연구원.
서운석 외, 2016,『보훈 선양의식의 현황과 과제: 광복 70년간 우리 사회의 보
　　　훈 선양의식 고찰』, 수원: 보훈교육연구원.
서운석, 2014,「호국인물 선양 현황과 정책 방안: 중등 역사교과서 분석을 중
　　　심으로」,『보훈연구』3(2).
서운석, 2018,「19대 정부 초기 선양정책 검토」『공공사회연구』8(2).
서운석, 2020a,『가족과 함께하는 보훈교실』, 서울: 도서출판 모시는사람들.
서운석, 2020b,「중국지역 독립유공자 및 후손의 선양정책 연구」,『한국보훈논
　　　총』19(3).
형시영, 2011,「국가보훈의 제도적 상징성에 관한 연구」,『국가정책연구』25(2).
사진 출처: 국가보훈처 누리집 https://www.mpva.go.kr/mpva/index.do

□ 보훈의 국제화: 이유, 의미, 과제_ 이찬수

국가보훈처, 2017,「2017 국제보훈업무 소개」, 국가보훈처.

김종성, 2005,『한국보훈정책론』, 일진사.

라미경, 2015,「보훈과 외교: 공공외교를 통한 보훈정책의 외연 확대」,『한국보훈논총』, 14(4).

박명림, 2021,「보훈 미래를 위한 제언④, 국제보훈, 보훈의 새 지평」,「나라 사랑신문」제911호.

보훈교육연구원, 2015,「보훈외교 성과와 발전방안 연구」, 보훈교육연구원.

서보혁, 2021,「보훈, 미래를 위한 제언⑨ 통일시대를 향한 보훈」,「나라 사랑신문」제916호.

유호근, 2016,「한국전쟁과 유엔 참전국: 보훈외교를 중심으로」,『한국보훈논총』, 15.

이삼성, 2018,『한반도의 전쟁과 평화』, 한길사.

한국정책학회, 2020,『미래를 대비한 국가보훈사업의 발전방향 연구』, 국가보훈처.

한국행정연구원, 2018,『국제보훈업무 확대 및 글로벌 협력 네트워크 확산 방안 연구』, 국가보훈처.

형시형·유호근·황태희·김영완, 2015,『보훈외교 성과와 발전방안 연구』, 국가보훈처(연구보고서).

□ 보훈의 미래: MZ 세대와 어울리는 보훈문화_ 김병조

국가보훈처, 2021,『2021년 정부혁신 실행계획』세종: 국가보훈처.

국가보훈처, 2021,『보훈의 의미에 관한 국민인식조사』세종: 국가보훈처.

국가보훈처, 2018,『보훈문화 진흥 방안 마련을 위한 연구』세종: 국가보훈처.

국가보훈처, 2017,『2017년도 나라사랑의식지수 조사 보고서』세종: 국가보

훈처.

국가보훈처, 2016, 『2016년도 나라사랑의식지수 조사 보고서』세종: 국가보
　　훈처.

국가보훈처, 2015, 『외국의 국민의식조사 비교분석으로 나라사랑의식조사 개
　　선방안 연구』세종: 국가보훈처.

국가보훈처, 2021, 『보훈처, 대국민 '보훈' 인식조사 결과 발표』국가보훈처 보
　　도자료.

국가보훈처, 2021, 『국민권익위-국가보훈처, 국가보훈60년! 더 나은 보훈, 국
　　민의견 듣는다』국가보훈처 보도자료.

국가보훈처, 2016, 『보훈의식 1% 증가는 사회갈등요인 감소와 11조 9천억원
　　의 경제성장 증가 효과』국가보훈처 보도자료.

문화체육관광부, 2016, 『현충일은 왜 6월 6일일까?』대한민국 정책브리핑.

국가보훈처, 2013, 『6·25전쟁 정전 60주년 국민의식 조사 결과』국가보훈처
　　보도자료.

이용재, 2021, 『현충일을 통해 사회통합 도모하는 세계 각국』일간투데이

전병수, 2021, 『호국보훈 정신 미래세대에 전하다』대경일보

고두현, 2021, 『세계의 현충일』한국경제

이성춘, 2021, 『미래보훈을 위한 원년으로』시정일보

오일환, 2009, 『보훈문화정책의 선진화 방향 모색 - 보훈교육의 활성화를 중심
　　으로 -』한국행정학회 동계학술발표논문집

보훈교육연구원 보훈문화총서 09

보훈학 개론: 보훈학으로의 초대

등록 1994.7.1 제1-1071
1쇄 발행 2021년 12월 31일

기   획 보훈교육연구원
지은이 이찬수 김명수 황미경 윤승비 정태영 서운석 김병조
펴낸이 박길수
편집장 소경희
편   집 조영준
관   리 위현정
디자인 이주향
펴낸곳 도서출판 모시는사람들
        03147 서울시 종로구 삼일대로 457(경운동 수운회관) 1207호
전   화 02-735-7173, 02-737-7173 / 팩스 02-730-7173
홈페이지 http://www.mosinsaram.com/

인   쇄 (주)성광인쇄(031-942-4814)
배   본 문화유통북스(031-937-6100)

값은 뒤표지에 있습니다.
ISBN   979-11-6629-074-9   04300
세트   979-11-6629-011-4   04300